乳児保育の
理解と展開

須永 進

［編著］

同文書院

執筆者紹介 *authors*

【編著者】

須永　進（すなが・すすむ）/ 第14章
三重大学特任教授

【著者】 ＊執筆順

川喜田昌代（かわきた・まさよ）/ 第1章，第3章
十文字学園女子大学准教授

野中千都（のなか・ちづ）/ 第2章，第13章
中村学園大学准教授

須永真理（すなが・まり）/ 第4章
和泉短期大学非常勤講師

石川正子（いしかわ・しょうこ）/ 第5章，第8章
盛岡大学短期大学部教授

堀　　科（ほり・しな）/ 第6章，第12章
東京家政大学准教授

伊藤克実（いとう・かつみ）/ 第7章，第10章
札幌学院大学教授

石田しづえ（いしだ・しづえ）/ 第9章
藤女子大学非常勤講師

上田よう子（うえだ・ようこ）/ 第11章
和泉短期大学実習サポートセンター助教

福田　誠（ふくだ・まこと）/ 第14章
たまプラーザもみじ保育園施設長

太田嶋信之（おおたじま・のぶゆき）/ 第14章
竜南こども園園長

山田まり子（やまだ・まりこ）/ 第14章
めぐみこども園副園長

Foreword

編者まえがき

今日，0，1，2歳児の低年齢児が保育所などの保育施設で生活する割合が増える傾向にあるといわれている。戦後，核家族化の進展に加え，1960年代以降にみられる経済の高度成長に伴う女性の社会進出により乳児期の子どもの保育施設への入所および在所の増加が進み，さらにその後の長引く経済の低迷と不況にあって就労せざるを得ない保護者が出産後の早い段階から乳児保育を求めて保育所を利用する傾向がその背景として考えられている。また，就労の多様化が進み，とりわけ女性の就労形態が拡大されるとともに，乳児の時期から保育施設での保育を希望する保護者が多くなっている。近年ではそうした労働力を必要とする都市部を中心に，希望の保育施設に入れない，いわゆる待機児童の多くが乳児であることがその証左といえる。その結果，保育所以外での乳児保育の多様化も進み，拡大する方向がみられる。例えば，子育て支援関連施設のほか，新たな「子ども・子育て支援新制度」（2015〈平成27〉年施行）による認定こども園や小規模保育施設等を利用する乳児が少なくない。それに伴い，子育て支援事業の一つである子育て相談では，乳児を持つ保護者の保育施設への入園希望やさまざまな要望などが聞かれるという。

他方，乳児に対する不適切な対応とそれが極端なかたちとなって現れる虐待の事例や乳児を巻き込む事件など，社会的に乳児保育に対する関心や注目の高まりといった，新たな動きがみられるようになった。

こうした社会的背景や動向，多様化の進行を受けて，乳児の保育の場である保育所などに対する国・厚生労働省が基準と定める「保育所保育指針」では，乳児保育の内容や方法についてこれまでの改定によりその変遷がみられるが，2018（平成30）年4月改定「保育所保育指針」においては，とりわけ新たな年齢区分とされる「乳児」「1歳以上3歳未満児」「3歳以上児」においても0歳から2歳にかけての乳児から幼児の保育は子どもの心身の発達にとって重要な時期であることが示唆されている。

以上のように，変容する社会や多様化するニーズを理解しつつ，乳児期の子どもの保育のあり方について新たな乳児保育への理解と方法を探るべき時期にきているという視点に立って，本書は構成されている。

子どもの最善の利益を保障するためにも，本書を通して保育や幼児教育の出発点ともいえる乳児保育について理解を図り，実際の保育の展開に目を向けていくための指標になれば幸いである。

2018年11月

三重大学教育学部特任教授　須永　進

Contents

目次

編者まえがき　i

目次　ii

第1章　乳児保育の対象とその発達特性—乳児保育に求められること—　1
1．乳児保育の概念　1
2．乳児保育の必要性　11

第2章　乳児の生活と保育環境　15
1．乳児の生活　15
2．乳児が生活する場の環境構成　22

第3章　乳児の発達と遊び　27
1．乳児の発達過程　27
2．遊びの意義　31
3．乳児の成長・発達と遊び　32
4．遊びの種類　34

第4章　保育所の乳児保育とその展開—基本的な考え方とその内容・方法—　39
1．保育所の乳児保育の現状　39

第5章　医療・看護における乳児への対応と看護　51
1．健康状態の把握　51
2．乳児期に多い症状　53
3．乳児期の病気と対策　59
4．薬について　60

第6章　子育て支援における乳児ならびに保護者支援　63

1．現代の子育て支援とは　63

2．乳児のいる保護者がおかれている状況　66

3．乳児期の子育てを支える保護者支援　71

4．保護者とのパートナーシップ　73

第7章　障がいのある乳児の保育　77

1．障がいのある乳児の特性と理解　77

2．障がいの特性と気づき　80

3．乳児期の保育の必要性　82

4．障がいのある乳児の保育内容と具体的方法　83

5．障がいのある乳児の保育において必要なこと　86

第8章　乳児保育における子どもの心身の健康・安全のための配慮　89

1．子どもの発達と事故　89

2．安全対策　91

3．保護者との連携，地域との関わりの重要性　97

第9章　乳児の食育と保育－3歳未満児－　99

1．乳児の食育　99

2．乳児の成長・発達と栄養　100

3．乳児の食生活（0〜2歳）　100

4．特別な配慮を要する乳児への対応　107

5．食を通した保護者支援　109

第10章　乳児の保育相談とその方法－基本的な考え方と事例－　111

1．保育相談への理解，その背景と現状　111

2．乳児相談の内容と具体的方法，留意点　117

3．乳児期の保育相談の意義　122

第11章　乳児保育のための指導計画－基本的理解に向けて－　123
1．指導計画の意義　123
2．乳児保育の指導計画を作成するときの配慮する事項　123
3．乳児の発達特性と指導計画の必要性　126
4．指導計画の作成の流れ－どのように計画するのか－　128
5．指導計画作成時の留意点－指導計画は誰のためのものか－　133

第12章　乳児保育のための指導計画－計画，実施（記録），評価－　135
1．乳児保育の計画とは　135
2．乳児保育における計画の実際　136
3．保育における記録とは　142

第13章　保育者の役割と責務について　147
1．保育者の心がまえと役割　147
2．乳児保育を担当する保育者の専門性　150
3．乳児保育を担当する保育者の責務　155

第14章　乳児保育における連携
　　　　　－職員間，保護者や地域の関係機関との連携について－　159
1．保育所における乳児保育と連携　159
2．認定こども園における乳児保育と連携　162
3．幼保連携型認定こども園における乳児保育　165
4．乳児保育における連携とその課題　168

おわりに　171
索　引　172

第1章

乳児保育の対象とその発達特性
－乳児保育に求められること－

〈**学習のポイント**〉　①乳児保育の対象と内容について知ろう。
　　　　　　　　　　　②乳児保育の基本やその重要性，また課題とは何かを理解しよう。
　　　　　　　　　　　③乳児保育の専門性について考えてみよう。

1. 乳児保育の概念

　日本の乳児保育の始まりは，1890（明治23）年に新潟市で赤沢鐘美とその妻ナカが設立した私塾の中に作られた託児所である。私塾には，貧民層の子どもたちが父母の労働従事のため，幼い弟や妹を連れて背負い通学していた。こうした幼い子どもたちを妻ナカが別室で玩具や間食を与え世話を始めたことから託児所として発展していった。その後私塾は，「静修学校」と改称され，1908（明治41）年には，「守孤扶独幼稚児保護会」（現：赤沢保育園）の名称で本格的な保育事業が開始されている。

　そして，1900（明治33）年に華族女学校付属幼稚園に勤務していた野口幽香と森島峰によって貧困子女のために双葉幼稚園（1916〈大正5〉年二葉保育園に改称）が設立された。その後，戦争により保護を失った乳幼児の救済のために，民間でも保育所作りが進んでいった。

　1960年代に入り，高度経済成長期以降，乳幼児を持つ女性の就労が増え乳児保育の需要が高まってきた。

　近年は，女性の社会進出によって，共働きの家庭増加と核家族化のなかで，保育所に入所する子どもの数は急増し，なかでも特に目立つのが1・2歳児である。3歳未満児の保育の需要はどんどん増しているなか，保護者の代わりに保育者が代行するためその責任と重要性はとても大きい。

■ 「乳児保育」の定義

　乳児とは，0歳児（生後から満1歳未満）を指す。乳児については，「児童福祉法」（第2節，第4条），「母子保健法」（第1条の2）などで規定されている。本来，この乳児に対する保育を乳児保育という。

　保育所には，生後57日目（「労働基準法」第65条）から入所できるが，入所時が0歳児でも，翌年の3月末にはほとんどが1歳となる。そこで，乳児の保育

といっても，０歳児と１歳児の保育ということになり，１歳児に続く２歳児についても，子どもの発達の観点からみて，３歳児の発達・発育とはかなりの差がみられるため，「乳児保育」として０・１・２歳児を対象として示す傾向が多い。

保育所と幼稚園，共通点も多いこの２つの施設の大きな違いとしては，０歳〜２歳の乳幼児（３歳未満児）が在籍するかどうかが挙げられる。

1998（平成 10）年から，それまでの乳児保育指定保育所方式を改め，すべての保育所で乳児保育が実施できるよう保育士の配置基準の改善をはかるとともに，「平成 10 年度乳児保育推進対策事業実施要綱」が定められた。またこの年度には，それまで「乳児又は満三歳に満たない幼児おおむね６人につき１人以上」とされていた保母（現：保育士）の配置の最低基準を「乳児おおむね３人につき１人以上」と改め（平成 11 年４月施行），乳児保育の質的基準を向上させるよう努力してきている。

2010（平成 22）年からの保育士養成課程の改正では，厚生労働省が示した「乳児保育」の教科目の授業内容においても「３歳未満児の発育・発達について学び，健やかな成長を支える３歳未満児の生活と遊びについて理解する」とされ，３歳未満児として０・１・２歳児の保育の内容を一つのくくりとしてとらえている。この考え方は「乳児保育」が保育者養成課程に新設科目として設置が義務づけられた 1970（昭和 45）年から変わっていない。

「保育所保育指針」に示される保育の内容については，満３歳未満児と３歳以上児で分けられる場合が多かった。旧「保育所保育指針」（2008 年告示）では，保育の内容として，養護に関わるねらい及び内容（生命の保持・情緒の安定）が示され，教育に関わるねらい及び内容５領域（健康・人間関係・環境・言葉・表現）と並列される形で示されている。

しかし，2017（平成 29）年度に「保育所保育指針」の（幼保連携型認定こども園教育・保育所要領含む）改定が告示（平成 30 年から施行）され，０，１，２歳の保育の内容の記述が変わり，この時期の発達特性を踏まえた保育の内容が丁寧に記載された。その保育の内容は，「乳児保育に関わるねらい及び内容」（０歳児）と「１歳以上３歳未満の幼児に関わるねらい及び内容」（１・２歳児）に分かれ，乳児（０歳児）と１歳以上３歳未満の幼児として示している。それは，乳児と１歳以上３歳未満の幼児のそれぞれの発育・発達の特性を大事に考え，この時期の育ちの大切さを示しているといえよう。

さらに，この時期の保育を支える保育士の養成課程の改正では，「乳児保育Ⅰ」「乳児保育Ⅱ」が必修科目となり，授業形態が講義 15 コマと演習 15 コマとなる。

講義「乳児保育Ⅰ」では，①乳児保育の意義・目的と歴史的変遷及び役割等，②保育所，乳児院等多様な保育の場における乳児保育の現状と課題，③３歳未満

1章　乳児保育の対象とその発達特性－乳児保育に求められること－

児の発育・発達を踏まえた保育の内容と運営体制，④乳児保育における職員間の連携・協働及び保護者や地域の関係機関との連携についての４項目の理解を目標としている。ここでは乳児保育の基本をしっかり学ぶ機会としている。

　演習「乳児保育Ⅱ」では，①３歳未満児の発育・発達の過程や特性を踏まえた援助や関わりの基本的な考え方，②養護及び教育の一体性を踏まえ，３歳未満児の子どもの生活や遊びと保育の方法及び環境の具体的理解，③乳児保育における配慮の実際の具体的理解，④乳児保育における計画の作成について具体的な理解を目標にしており，乳児保育では，実践に向けての具体的理解が保育現場での保育の質の向上のためには大切であり，そのスキルアップを目指しているといえる。

　乳児保育の対象は，３歳未満児の子どもとしてとらえているが，「保育所保育指針」に示された保育の内容を受け，乳児の発育・発達がその後の１・２歳児の発育・発達につながっていくこと，さらには，３・４・５歳児の発育・発達につながっていくことを意識して保育していくことが必要になってくる。

② 乳児保育の基本

　乳児期は，一生のうちで一番大きな変化がみられる期間である。

　乳児から２歳児は，心身の発達の基盤が形成される極めて重要な時期となる。この時期の子どもが，生活や遊びの様々な場面で主体的に周囲の人や物に興味をもち直接関わっていこうとする姿は，「学びの芽生え」としてとらえることができ，ここから一生続く発達のスタートになるのである。

　乳児や１・２歳児との関わりが希薄化している現代において，この時期の子どもたちとの保育を進めていく上には，保育者は，０・１・２歳児の発育・発達の理解や，援助や関わりを的確に行なわなければならない。０・１・２歳児の発達特性をきちんと理解し，その時期の保育の重要性を理解することが求められる。そして，子どもたちへの丁寧な援助や関わりが重要となってくるのである。また，０歳児からおおむね６歳までの乳幼児期の育ちのなかで，０・１・２歳児の育ちの過程をきちんと理解し，３歳児以降の育ちの基盤となること，発達のつながりを意識して保育に当たらなければならないことを忘れてはならない。

　乳児期は，最も著しく発達する時期で，この時期は環境の影響を受けやすい。それだけにこの乳児期にどのような環境で過ごすかによっては，その後の情緒や感情の形成や，発育・発達に大きく関わってくる。人間として自分のことを自分で出来るようになっていくなど，人格形成の基礎を培う「保育の原点」ともいえる非常に重要な時期である。保育所で，一日の大半を過ごす乳児・１・２歳児が，安心して過ごしていけるような環境づくりを家庭と同様に保育所でも整えて

いくことが必要となってくる。

　一生のうちで一番大きな変化がみられる乳児の期間に，どのような育ち（発育・発達）が必要なのか，「保育所保育指針」から，大人の役割，保育者としての関わりと役割の点を明らかにし，乳児期（０歳児）の発育・発達が，１・２歳児やその後の発育・発達にどのようにつながるかについて見通しをもって，育ちの援助をしなければならないのである。

（1）育ちの基本を支える養護

　「保育所保育指針」では，保育における『養護の理念』を「子どもの生命の保持及び情緒の安定を図るために保育士等が行う援助や関わり」とし（第１章の２），養護を踏まえた保育の展開の重要性を示している。また，保育所保育の特性である，養護と教育の一体性を強く意識することの大切さが改めて強調されている。

　乳児においては，「生命の保持・情緒の安定」という養護の内容*と，保育士等の援助や関わりは，乳児保育の基本を支えるためには必要不可欠である。

*「保育所保育指針」（2017年告示）第１章総則の２養護に関する基本事項参照。

　乳児は，言葉で気持ちを伝えられないため，保育士が子どもの主体性や意図を理解し，子どもの気持ちをくみ取る視点を持つことが大事である。そして，保育者が子ども一人ひとりの心のよりどころになることである。子どもの生理的欲求を満たすことで生命の保持が図られ，十分に気持ちを満たすことで情緒の安定が図られ，心身の健やかな育ちがあるのである。

　そのような環境のなかで，保育士との愛着関係（アタッチメント）や基本的信頼関係が育まれ，自尊感情が生まれ，自己肯定感や，感情コントロール力，人と関わる力，粘り強さなどの非認知能力も育っていくのである。この非認知能力の育ちは，その後の人間の一生の成長や生活に深い影響を与えるものである。乳児や１・２歳児の保育の内容や方法の質が大事であり，周囲の大人の子どもへの関わりの質が重要であり，その役割を担っているのである。保育士による受容的・応答的な温かく丁寧な保育が大切となってくるのである。

　乳幼児の保育の内容は，平成29年の「保育所保育指針」の改定から，乳児保育に関わるねらい及び内容と１歳以上３歳未満児の保育に関わるねらい及び内容，３歳以上児の保育に関わるねらい及び内容に分けられている。

　保育のねらい及び内容から，０・１・２歳児の保育についてみてみよう。

③ 乳児期（０歳児）の保育

（1）乳児期の特性と「安心感」

　乳児期は，身体の発達も目覚ましい時期に，精神的にもその後の人格形成に非常に大事な時期だと言われている。

　乳児は，大人の援助がなければ欲求を満たすことができないのである。周囲に

人に受け入れられ手伝ってもらわないと，生理的な欲求すら満たすことができない。子どもの様々な表現から子どもの欲求を適切にくみ取り，応答していくことが必要である。子どもは，保育者によって自分の欲求が受け入れられることで，自ら育とうとする力が，助長されるのである。

保育者は，乳児の摂食，排泄，運動，言語の発達や，特定の養育者との間に築かれた親密で情緒的な絆であるアタッチメント（愛着）*，及び基本的信頼感**を形成することなどの発達課題を意識することが大切である。発育・発達の著しい時期であるがゆえに，適切なタイミングや時期に応じた相互作用（保育者と乳児との応答的な関係）である関わりが乳児との関係のなかで重要となる。それを繰り返すことで乳児に「安心感」をしっかり与えてあげることがとても大事なのである。

*愛着理論：ボウルビィ（Bowlby, J, 1907-1990）によって確立された理論。

**心理社会的発達理論：E・H・エリクソン（Erikson, E.H, 1902-1994）による。

言葉によるコミュニケーションが取れない乳児に安心感を与えるのは，決して簡単なことではない。その時その時の乳児の感情をくみ取り，充足感・安心を感じさせることが大切になってくる。

（2）乳児（0歳児）の保育に関わるねらい

乳児期の保育の実施上の配慮事項として，「保育所保育指針」には，5つの内容が挙げられている。1つ目は，乳児は疾病への抵抗力が弱い，心身の機能の未熟さに伴う疾病の発生が多い，一人ひとりの発育・発達状態・健康状態についての適切な判断と保健的な対応の必要性。2つ目は，一人ひとりの乳児の生育歴の違いを留意することや，欲求を適切に満たし，特定の保育士が応答的に関わるようにすること。3つ目は，職員間の連携や嘱託医との連携，「保育所保育指針」第3章に示す事項を踏まえて適切に対応すること，栄養士及び看護師等の専門性を生かした対応を図ること。4つ目には，保護者との信頼関係の下で保育を進める，保護者からの相談，保護者への子育て支援に努めること。5つ目は，担当の保育士が替わる場合，子どものそれまでの生育歴や発達過程に留意し，職員間で協力して対応することとして示している。

この配慮事項は，乳児期の発育・発達の特徴をきちんと理解しておかなければならないことを示し，乳児の保育を進めていくうえでとても大事なことである。「保育所保育指針」では，保育内容のねらい及び内容と内容の取扱いの後に示されているが，この事項が，子ども一人ひとりを理解し，丁寧な保育（保育の質の向上）につながることになるとても大事な事項であるといえるのではないだろうか。

乳児の保育の内容をみると，新しい「保育所保育指針」では，乳児の保育に関わるねらい及び内容の項目が立てられ，そのねらいは，3つの視点から示されている。

①「健やかに伸び伸びと育つ」健康な心と体を育て，自ら健康で安全な生活を

作り出す力の基礎を培う。

②「身近な人と気持ちが通じ合う」受容的・応答的な関わりの下で，何かを伝えようとする意欲や身近な大人との信頼関係を育て，人と関わる力の基盤を培う。

③「身近なものと関わり感性が育つ」身近な環境に興味や好奇心をもって関わり，感じたことや考えたことを表現する力の基盤を培う。

乳児期の発達の特徴を踏まえると，まだ，感情や物事が自分の内にあるものなのか，外で起きていることなのかなど，混沌としたあいまいな状態から発達していく。生活や遊びなどのいろいろな関わりのなかで，少しずついろいろなことを理解しながら，主体的に周囲の人や物事などに興味・関心をもち育っていく。その姿は，「育ちの芽生え」であり，学びのスタートでもある。

0・1・2歳児の保育のねらい及び内容と，3・4・5歳児の保育のねらい及び内容とは，発達上の違いがあるため同じではない。さらに，乳児期は，先にも述べたが，身体の発達も目覚ましい時期であり，精神的な面でも，その後の人格形成の基礎を培うためには，非常に大切にしなければならない時期である。この時期の保育の内容は，その後の学びへ大きな影響があると考えられる。

乳児の保育のねらい及び内容では，上述の3つの視点からねらいが定められているが，なぜ3つの視点なのか。5領域「健康」「人間関係」「環境」「言葉」「表現」との関係性はどうなのか。

乳児期は，5つ（5領域）に分化する前の未分化な状態なのである。5領域の関係とその育ちは，複雑な相互関係のなかで徐々に分化していくことから，未分化な状態に合わせた内容でなければならない。乳児の育ちを考えれば，そのことを意識して保育をしていかなければならないのである。乳児期の発達を踏まえれば，5領域とは違う，3つの視点から，この時期に自ら育とうとする乳児の発達に合わせた丁寧な保育の内容が求められているということになる。

「健やかに伸び伸びと育つ」（身体的発達）の視点では，乳児期は，「生命の保持」から始まり，身体の発達につながり，人が人として生きていくうえで，ベースとなりとても大切なことである。首が座る，寝返りができる，お座りができる，ハイハイをする，つかまり立ちをするなど，寝ている状態から自らで動けるようになるのである。体の発達の順序性を大切にし，身体機能の発達を支えるとともに，体を動かすことの心地よさを感じるようにすることが大事である。また，食事・睡眠・排泄などの基本的な生活のリズムの獲得など，健康な心と体を育てるためには，心と体の健康は，相互に密接な関連があるものであることを踏まえ，温かい触れ合いのなかで，心と体の発達を丁寧に促していくことが必要なのである。

1章　乳児保育の対象とその発達特性－乳児保育に求められること－

「身近な人と気持ちが通じ合う」（社会的発達）の視点では，乳児期は，信頼関係に支えられ，人と関わる基盤が育つ時期である。人との関係のなかで，乳児からの働きかけに対して，特に大人（養育者）の優しい応答的な触れ合いや言葉がけによって，欲求が満たされ安定感をもって過ごせるのである。相互作用のなかで構築されるアタッチメント（愛着）関係や基本的信頼関係が大事になってくる。

乳児の多様な感情を受け止め，温かく受容的・応答的な関わりや，一人ひとりに応じた適切な丁寧な援助を行うことで，乳児は人に受容されている，愛されているという感情が育ち，心（情緒）が安定し，人と一緒に過ごすことが喜びにつながる。そして，温かく，受容的な関わりを通じて，自分を肯定する気持ちが芽生えるのである。また，そのような大人との応答関係（相互作用）のなかで，言葉に興味をもち次第に言葉が獲得されることを考慮した関わり等も，していかなければならないのである。この時期は，人と関わる力の基礎となり，それが一生の対人関係の基盤となることも忘れてはならない。

「身近なものと関わり感性が育つ」（精神的発達）の視点では，乳児期は，様々なものに興味や関心が芽生えることを踏まえ，遊びや生活を通して感性の発達が促されるようにすることである。乳児は，音質・形・色・大きさ・硬さ・明るさ・温かい・広いなど，様々な周囲の物や事象と関わっている。愛着関係が形成される乳児期中・後半になると，興味・関心・好奇心から，探索意欲も示すようになり，自分から関わろうとする。安全な環境のもとで，適切なものを用意し自由に遊べる環境を整え，乳児が自ら関わり，探索意欲を満たせるようにすることが大切である。探索行動は，ある特定の大人との間に築かれた親密な情緒的な絆である，愛着関係がしっかり構築していることで，安心して活発になる。また，乳児は，表情・発声・体の動きなどで，感情を表現することが多い。これらの表現しようとする意欲を，積極的に受け止めて，子どもが様々な活動を楽しむことで，自己の表現が豊かになるようにすることが大切となる。

乳児期の保育の内容のねらい及び内容の３つの視点は，1・2歳児の発達への連続性から考えて，1・2歳児の保育の内容である5領域のねらい及び内容につながっていくことの見通しをもって，きちんと理解しておくことが求められる。

4 1歳以上3歳未満の保育

（1）1・2歳児の特性と5領域

1歳以上3歳未満児の保育の実施上の配慮事項として，1つ目，特に感染症にかかりやすい時期であることから，体の状態，機嫌，食欲などの日常の状態の観察と適切な判断に基づく保健的な対応を心がけること。2つ目，探索活動を事故防止に努めながら活動しやすい環境を整え，全身を使った遊びなど様々な遊びを

取り入れること。3つ目，自我が形成される時期であり，子どもが自分の感情や気持ちに気づくようになる重要な時期であることが示され，情緒の安定を図りながら，子どもの自発的な活動を尊重するとともに促していくこと。4つ目，担当の保育士が替わる場合には，それまでの経験や発達過程に留意し，職員間で協力して対応することが示されている。

この1・2歳児の時期は，乳児期の発達過程を経ての発達特徴がある。

探索行動がさらに活発になることや，自我が形成される時期で自分の感情に気づく時期であるため，一人ひとりの情緒の安定を図りながら関わっていくことが重要となる。一人ひとりの子どもの気持ちを大切にしていく視点は特に大事となる。

1歳以上3歳未満児（1・2歳児）の保育のねらいは，この時期の発達の特徴を踏まえたうえで，心身の健康に関する領域「健康」，人との関わりに関する領域「人間関係」，身近な環境との関わりに関する領域「環境」，言葉の獲得に関する領域「言葉」及び感性と表現に関する領域「表現」の5領域として示している。

しかし，その内容は，3歳以上児の5領域がそのまま適応されているわけではない。1・2歳児の場合は，保育者のスキンシップを伴う養護的な関わりが大きい。その経験（養護的関わり）を通して生活や遊びがあるなかに，教育的な内容がみられ様々な育ちのための学びがみられる。その教育的な内容（1・2歳児の5領域）は，養護やこの時期の発達特性と大きく重なりあっている。そして，3歳以上児の5領域での育ちに向けて緩やかにつながっているといえるのである。その点で，明らかに3歳以上児の5領域とは同じではないのである。

この時期の発達的特徴は，基本的な運動機能の発達や，自立のための身体機能が次第に整ってくる。歩き始めて，歩く，走る，跳ぶ，ができるようになるなど，つまむ，本などをめくるなど指先の機能も発達し，語彙数も増加し，自分の意思や欲求を簡単な言葉で表すことができるようになる。また，自分でしようとする自発的な行動も見られるようになってくる。保育者としては，自分でしようとする気持ちを尊重し，温かく見守るとともに，愛情豊かに応答的に関わることが必要になってくる。

（2）1歳以上3歳未満児（1・2歳児）の保育に関わるねらい

※ 下線部については，5領域の3歳以上児のねらいを側注欄に示す。

① 「健康」健康な心と体を育て，自ら健康で安全な生活をつくり出す力を養う。
- 明るく伸び伸びと生活し，<u>自分から体を動かすことを楽しむ</u>*。
- 自分の体を十分に動かし，<u>様々な動きをしようとする</u>**。
- <u>健康，安全な生活に必要な習慣に気付き，自分でしてみようとする気持ちが育つ</u>***。

*充実感を味わう

**進んで運動しようとする

***健康，安全な生活に必要な習慣や態度を身に付け，見通しをもって行動する

1章　乳児保育の対象とその発達特性－乳児保育に求められること－

　ここでは，この時期の特性を踏まえ，心と体の健康は，相互に密接な関連があることを踏まえ，子どもの気持ちに配慮した温かい触れ合いのなかで，心と体の発達を促すことや，一人ひとりの発育（個人差に配慮）に応じて，自ら体を動かそうとする意欲が育つようにすることが示されている。また，健康な心と体を育てるために重要な，食習慣を形成するために，食べる喜びや楽しさを味わい，進んで食べようとする気持ちが育つようにすることや，食物アレルギーのある子どもへの対応については，適切に対応することが大切である。

　食事，排泄，睡眠，衣類の着脱，身の回りを清潔にすることなど，生活に必要な基本的な習慣の確立につながる時期である。一人ひとりの状態（個人差に配慮）に応じ，落ち着いた雰囲気のなかで行うようにし，子どもが自分でしようとする気持ちを尊重することが大切となる。また，この時期の基本的な生活習慣の形成に当たっては，家庭との適切な連携の下で行うことが大切である。

②「人間関係」他の人々と親しみ，支え合って生活するために，自立心を育て，人と関わる力を養う。

　・保育所での生活を楽しみ，身近な人と関わる心地よさを感じる[*]。

　・周囲の子ども等への興味や関心が高まり，関わりをもとうとする[**]。

　・保育所の生活の仕方に慣れ，きまりの大切さに気付く[***]。

　保育士との信頼関係に支えられて生活を確立することが基盤となる時期である。また，自分で何かをしようとする気持ちが旺盛になる時期であり，子どもの気持ちを尊重し，温かく見守るとともに，愛情豊かに，応答的に関わり，適切な援助を行うようにする。さらに，子どもの自我の育ちが見られてくる時期であるが，自分の気持ちを相手に伝えることや相手の気持ちに気づくことは不十分である。保育士が仲立ちになって，友達の気持ちに気づくことや，友達との関わり方を丁寧に伝えていくことが大切である。子どもの不安定な感情の表出については，保育者が受容的に受け止めるとともに，そうした気持ちから立ち直る経験や感情をコントロールすることへの気づき等につなげていけるように援助することが大事になってくる。

[*]自分の力で行動することの充実感を味わう

[**]身近な人と親しみ，関わりを深め，工夫したり，協力したりして一緒に活動する楽しさを味わい，愛情や信頼感をもつ

[***]社会生活における望ましい習慣や態度を身に付ける

事例1－1

　Mちゃん（1歳8か月）は，園庭の砂場をじっと見ている。友達の様子に興味をもったのか，何をしているの？　という感じで，砂場に近づいて行った。砂場の入り口の段差で転んでしまった。すぐに保育者のほうに振り向き顔を見る。保育者と目が合うと，保育者のところに来て，転んだところを指さし「いたい～なった……」と訴えた。保育者が，優しく寄り添い「転んじゃったね」というと，うなずき安心している。しばらく，保育者のところにいたが，また，自分から砂場に出かけて行った。

9

子どもは，自分がしようと思っていたことと行動が一致しなかったとき，ここでは，Mちゃんは転ぶつもりではなく思いもよらない事態になったときに，保育者がその気持ちを受け止めてくれることで，次の行動のエネルギーになってくる。情緒的に結びついた大人との関係は大事となってくる。

③「環境」周囲の様々な環境に好奇心や探究心をもって関わり，それらを生活に取り入れていこうとする力を養う。

　・身近な環境に親しみ，触れ合う中で，様々なもの[*]に興味や関心をもつ。
　・様々なものに関わる中で，発見を楽しんだり，考えたりしようとする[**]。
　・見る，聞く，触るなどの経験を通して，感覚の働きを豊かにする[***]。

この時期の好奇心や探索心を満たすように，見る・聞く・触れる・嗅ぐ・味わうなどの感覚の働きや，玩具などは，音質・形・色・大きさなど子どもの発達状態に応じて適切なものを，遊びを通して楽しみながら，感覚の発達が促されるように工夫する。

身近な生き物との関わりについては，子どもが命を感じ，生命の尊さに気づく経験へとつながるものになるようにすることが大事である。地域の生活や季節の行事などに触れ，保育所内外の行事や地域の人々との触れ合いなどを行うことで，社会とのつながりへの気づきにつながることを意識しておくことも大切である。

事例1－2

　K君（1歳10か月）は，保育室の日が差し込んでいるところに仰向けに寝転んで，両手を高く上げて，日の光が差し込んでくるところにかざしている。両手をパチパチとたたくようなしぐさや，ゆらゆら動かしたりしている。じっと何かを見つめている様子でもある。光が当たるなかに見えるほこりを捕まえようとしているようであった。

遠くで見ていると，何をしているかわからないような，静かな小さな行動のなかにも，いろいろなことに興味をもって環境に関わっていることがわかる。

④「言葉」経験したことや考えたことなどを自分なりの言葉で表現し，相手の話す言葉を聞こうとする意欲や態度を育て，言葉に対する感覚や言葉で表現する力を養う。

　・言葉遊びや言葉で表現する楽しさを感じる[****]。
　・人の言葉や話などを聞き，自分でも思ったことを伝えようとする[*****]。
　・絵本や物語等に親しむとともに，言葉のやり取りを通じて身近な人と気持ちを通わせる[******]。

この時期は，保育者との応答的な関わりや話しかけにより，身近な人との言葉

---

[*]自然と触れ合うなかで様々な事象

[**]身近な環境に自分から関わり，発見を楽しんだり，考えたりし，それを生活に取り入れようとする

[***]身近な事象を見たり，考えたり，扱ったりするなかで，物の性質や数量，文字などに対する感覚を豊かにする

[****]自分の気持ちを言葉で表現する楽しさを味わう

[*****]よく聞き，自分の経験したことや考えたことを話し，伝え合う喜びを味わう

[******]日常生活に必要な言葉が分かるようになるとともに，絵本や物語などに親しみ，言葉に対する感覚を豊かにし，保育士等や友達と心を通わせる

を介してのやり取りを楽しむようになる。まだ，正しい使い方や理解できている
わけではないが，語彙数は目覚ましく増える時期である。自分の感情などを言葉
で伝え，相手が言葉で応答するという相互作用の繰り返しのなかで，その言葉を
聞き，生活に必要な言葉を次第に理解していく大事な時期である。

　保育者は，子どもの気持ちや表現する楽しさを，十分に受け止め喜びを共有す
ることで，子どもが言葉を使いたいという気持ちを育んでいくこと大切となる。
楽しい雰囲気のなかで，保育者との言葉のやり取りができる環境は大事である。

　気持ちや経験等の言葉で表現できるようにするために，子ども同士の関わりの
仲立ちをして，子どもの気持ちを代弁したりするなど，保育者が適切に言葉にす
るようにすることが求められる。片言から，二語文，ごっこ遊びで簡単なやり取
りができるようになるなど，基本的な言葉の発達が目覚ましい時期であることを
意識して，個々の発達に応じた関わりや援助が必要となってくるのである。

⑤「表現」感じたことや考えたことを自分なりに表現することを通して，豊かな
　感性や表現する力を養い，創造性を豊かにする。

　・身体の諸感覚の経験を豊かにし，様々な感覚を味わう[*]。

　・感じたことや考えたことなどを自分なりに表現しようとする[**]。

　・生活や遊びの様々な体験を通して，イメージや感性が豊かになる[***]。

　自分の考えや感じたことを表現する力の基礎的な発達を支えるためには，この
時期にどのような経験・体験が必要なのか。

　子どもは，生活や遊びのなかで，様々な自分の思いを表現している。子どもの
思いは，保育者から十分に受け止められることで，情緒が安定し，自分の感情や
考えたことをのびのびと表現することができるのである。

　表現の基礎となる感覚（五感）が豊かになるよう，生活や遊びのなかで，いろ
いろな素材に触れる経験やリズムに合わせて体を動かすなど，楽しみながら体験
し，様々な表現の仕方や感性を豊かにする経験ができる環境を整えることが大事
となってくる。保育者は，子どもの様々な表現をしっかり受け止め，共感するこ
とが大事となり，保育者自身も子どもの感性を受け止める感性をもっていること
が求められる。

[*]いろいろなものの美しさ
などに対する豊かな感性を
もつ

[**]感じたことや考えたこ
とを自分なりに表現して楽
しむ

[***]生活のなかでイメー
ジを豊かにし，様々な表現
を楽しむ

2. 乳児保育の必要性

1 社会現象と家庭での育児

　近年の女性の社会進出により，すぐに復職しなければならないなどの理由や，

共働き家庭やシングルマザーが増加し，生活・就労スタイルの変化に伴って育児が難しいなどの背景から需要が年々増えて，乳児保育が求められるようになってきた。ただ，少子化が確実に進んでおり，全国的には保育需要のピークは過ぎつつあるとも言われている。しかし，都市部を中心にみると，保育所の定員超過は依然として存在し，待機児童問題解消には至っていない現状がある。特に０歳児・１歳児の乳児の待機児童はむしろ増えている傾向がある。

また，核家族化が進むなかで，家族のあり方も変わってきている。また，自然環境が失われつつあるなかで，のびのびと屋外でめいっぱい遊ぶことも難しくなってきている。さらに，地域での交流も減ってきており，家庭での育児機能が低下してきていることが懸念されている。

② 保育士の役割

保育所には，親の子育てを支援していくには，保育専門職としての知識・技術・経験をもって，０歳から２歳児の一生のうちで最も発育発達が目覚ましく，大人の関わりが大切とされる時期を保護者と共に支えていく役割が求められている。

現代は情報過多と言われるほど様々な情報に溢れ，どの情報を信じたらいいのか分からず，育児に自信がもてない保護者も増えてきている。保育所には，そういった保護者の気持ちにも寄り添い，ともに解決していけるようなサポート力も求められる。乳児の保育で一番重要とされることは，安心感を乳児たちに提供していくことである。女性の社会進出などに伴い，家庭での育児が難しい場合は，家庭で得られるはずの安心感を保育所で整えていくことが求められる。子どもが情緒的に安定する環境は，心身の発達へと繋がっていく。

日本保育協会の乳幼児期の「保育所保育の必要性」に関する研究によると，０歳からの子育てに必要な情報と関わり方を保護者に提供することで，親子の適切な関わりが確立し，子どもの健やかな成長を促し，本来の子育ての目的である「社会に貢献できる人間」を育み育てることができるとしている。

乳児保育（前述したように０歳児〜２歳児を対象とした保育）では，保育士の人員配置のついてみると，乳児に対する保育士の配置基準は０歳児３人に対して保育士１人，１歳児・２歳児６人に対して保育士１人と定められている。それは，乳児は乳幼児突然死症候群（SIDS）をはじめ誤飲・転落など文字通り命の危機が日常に潜んでいるため，特に手がかかり，目が離せないため手厚い人員配置が必要となるからである。保育士は，少人数制なので一人ひとりとじっくり向き合うことで，子どもの育ちのなかの「はじめて」を体験したり，子どもと感動を共有したり，子どもの大切な時期を一緒に過ごすということも多い。

保護者とは，共に子どもを育てる良きパートナーとして，特別な信頼関係を築くことも求められる。

保護者のケアも大切で，例えば，本来は自分がする役割の一部を保育士に預けているという引け目を感じている保護者（主に母親）*には，その気持ちのケアも必要になってくる。現在も賛否両論の「3歳児神話」**に象徴されるように，「赤ちゃんは母親が育てるべき」という風潮は現代の日本でも厳然と残っている。無言のプレッシャーを感じていることもあるかもしれない。

乳児保育といっても，子どもの保育だけでなく，保育の質こそが重要となり，研修などを通じて保育内容や指導方法を行い，保育士としての資質の向上などを図っていく必要がある。

*厚生白書（平成10年版），第1編第1部第2章第4節1母親と子

＊＊3歳児神話：3歳までは母親が子育てに専念すべきだとする考え。

【参考文献】

民秋言編『幼稚園教育要領・保育所保育指針・幼保連携型認定こども園教育・保育要領の成立と変遷』萌文書林，2017

汐見稔幸・無藤隆監修『〈平成30年施行〉保育所保育指針 幼稚園教育要領 幼保連携型認定こども園教育・保育要領 解説とポイント』ミネルヴァ書房，2018

汐見稔幸監修『保育所保育指針ハンドブック 2017年告示版』学研教育みらい，2017

第**2**章

乳児の生活と保育環境

〈学習のポイント〉　①乳児はどのように一日を過ごしているのか，保育所を例に乳児の一日の生活全
　　　　　　　　　体を考えてみよう。
　　　　　　　　②乳児の保育を行う上で，保育者はどのような配慮が必要となるのか考えてみよ
　　　　　　　　　う。
　　　　　　　　③乳児が生活する場として，どのように環境を整え構成することが必要なのか考
　　　　　　　　　えてみよう。

1．乳児の生活

■ 乳児が過ごす一日についてイメージする

　乳児は一日をどのように過ごしているのだろう。保育所では，様々な月齢・年齢の子どもが一日を過ごしているが，乳児（3歳未満児）を想定し，保育所に登園して夕方帰宅するまでの一日の生活を，次に示す場面から具体的にイメージしてみよう。

（1）朝の登園

　子どもは保護者と一緒に登園する。ベビーカーや抱っこなど，それぞれの方法で安心して登園している。歩き始めた子どもは，保護者と手をつないでの登園となるだろう。受け入れる保育者は，子どもが今日一日の保育所での生活に期待をもてるように，保護者に対しては子どもと離れることへの不安をなくし安心感へとつながるように，笑顔で迎え入れている。保護者と保育者は，家庭と保育所に2分される一日の生活をつなぐことができるように，会話や連絡帳等を通して子どもの情報（健康状態や家での様子，食事など）を共有している。

（2）基本的な生活習慣を身につける

　登園の後は，おむつを替えてもらったり，トイレに行ったりする。保育者は，生活のリズムにつながるように援助をしている。また，朝の挨拶をしたり，名前を呼んでもらって返事をしたりと，保育の時間が始まることを感じることができるような時間として朝の集まりの時間を過ごしている。また，保育所では3歳未満児に午前の間食が用意され，子どもたちもその時間を楽しみに待っている。そのようななかで，安心して，生活習慣を身に着けることができるような援助が見られる。

①授乳・間食

　食べたい気持ちやおいしいと感じたことなどを表情や言葉にして保育者に伝え

15

たり，保育者や友達と共に過ごすことの楽しさを感じたりする。保育者は子ども一人ひとりの量やペースなどを把握したうえで，「おいしいね」などと温かいまなざしで声をかけながら援助を行っている。保育者のていねいな関わりにより，食べることへの意識が育っていくように見える。

②排泄援助

保育者に穏やかにゆったりと関わってもらい，清潔の心地よさを感じることができる。保育者は子どもに声をかけ，おむつを替えながら皮膚の状態などを確認し，子どもの健康状態を把握している。おまるや便器を使う年齢の子どもは，おまるやトイレで排泄することの気持ちよさを味わえるように，子どもの気持ちに考慮しながらトイレに誘っている。また，2歳ころには尿意や便意を感じて保育者に伝えたりするようになってきているため，保育者は気持ちを受け取りながら援助を行っている。

(3) 遊びを楽しむ

子どもにとっての遊びは，大人の遊びとは異なり，様々な豊かな経験とつながるものである。保育者は，スキンシップを取り，安心した状況で一日を始められるようにゆったりとしたおおらかな雰囲気のなかで過ごせるように配慮をしている様子が見られる。子どもが興味・関心をもつものを環境として整え，子ども自らが主体的に環境に関わることができるように安心・安定を感じられるような雰囲気つくりを意識した環境を工夫している。

(4) 離乳食・食事

離乳食は，家庭や栄養士と連携を取り，乳児の発達および体調などに配慮しながら，離乳食の進度や内容に配慮している。様々な味や形状に慣れたり，食感を感じたりしながら乳汁栄養から固形の栄養に移行するなかで食事を楽しむことができるように，声をかけたり子どものペースに合わせて援助するなどの配慮が見られる。

離乳食から幼児食に移行するときには，手づかみやスプーンなどを使って「自分で」食べようとする様子が見られる。咀嚼は未熟な状態であるため，食材の大きさや刻み方など調理に留意するなどの配慮がある。また，2歳くらいでは，スプーンなどの使い方や食事時のマナーなどを保育士が手本として見せることで，子どもが身につけられるような配慮もみられる。

(5) 着替えをする

季節に応じた衣服で体温の調整を行っている。乳児期は，汗をかいたり午睡の前だったりと適宜着替えをし，清潔な衣服の気持ち良さを知る。1歳を過ぎるころになると自らできるところはやろうとする姿が見られる。子どもが自ら衣服の着脱を行うことを喜びをもって取り組み，次への意欲をもてるように，保育者は

さりげなく援助をする。また、衣服の好みが出てくるようになる2歳ころには、自ら衣服を選ぶ様子が見られる。この頃には、脱いだ衣服を折りたたんだり、それをかばんに片づけたり、身の回りのことができるようになるため、保育者は子どもの意欲を大切にしながらさりげない援助を心がけている。

(6) 午睡をする

乳児期には、睡眠に個人差があるため、様子を見ながら必要に応じて午前の午睡が行えるようにする。1歳ころには午睡は1回になるよう生活のリズムが整う様子が見られる。睡眠と覚醒のリズムにより、生活のリズムが形づくられるため、家庭との連携を密にして、一日のトータルとしての睡眠の確保がなされるようにする。保育室の温湿度や採光、寝具など環境を整え、子どもが安心して眠られるような環境を整える。子守歌を歌ったり、眠りに誘うようなリズムで体に触れたりするなど雰囲気づくりにも配慮をする。

(7) 帰りの集まりと遊び

乳児はそれぞれの荷物をまとめてもらったり、自分でできる子どもは自分の荷物をまとめたりしたのちに、帰りのあいさつをし、それぞれが好きな遊びを行いながら降園の時間を待っている。保育者は、迎えを待ち遠しく感じていると思われる子どもの気持ちに配慮し、ゆったりと穏やかに関わる姿が見られる。

(8) 降園する

子どもは保護者の迎えを待って一緒に降園する。保育者は、子どもが今日一日の保育所での生活を満足し明日への期待へとつながるように、保護者に対しては子どもと離れることへの不安をなくし安心感へとつながるように、笑顔で対応する様子が見られる。保護者と保育者は、家庭と保育所に2分される一日の生活をつなぐことができるように、会話や連絡帳等を通して子どもの情報（健康状態や家での様子、食事など）を共有する。

2 乳児の生活と保育者の関わり

子どもの一日の生活と保育者の様子がイメージできたら、乳児にとってのふさわしい生活とは何か、健康な一日の生活の流れとはどのようなものなのか考えてみよう。

乳児保育では、睡眠と覚醒、食事（授乳および離乳食）、排泄などの基本的な欲求により一日の生活のリズムが整い、乳児にとってふさわしい生活の形がつくられる。月齢や年齢により、睡眠のリズムや授乳の間隔、離乳食の進度などには個人差がみられ、乳児一人ひとりに対応したデイリープログラム（表2-1）が計画されることが望まれる。デイリープログラムを計画する場合は、乳児一人ひとりの生活リズムを考慮するために、家庭との連携を重視し、1日24時間を視

野に入れて無理のない計画としたい。

表2-1　デイリープログラム（例）

時間	乳児	1歳以上3歳未満
7：00 9：00	開園 順次登園 排泄（おむつ交換，おまる，トイレ） 自由な遊び	
10：00	排泄（おむつ交換） 間食・授乳 遊び 午前睡	排泄（おまる・トイレ） 朝の集まり 遊び 間食
11：00	目覚め 排泄（おむつ交換）	遊び 排泄（おまる・トイレ）
12：00	授乳・離乳食	幼児食
14：00	排泄（おむつ交換） 遊び 午睡	着替え 午睡
15：00	目覚め 排泄（おむつ交換） 着替え 授乳・間食	目覚め 排泄（おまる・トイレ） 着替え 間食
16：00	遊び 順次降園	帰りの集まり あそび 順次降園
19：00	（18：00〜延長保育） 遊び 排泄（おむつ交換） 授乳・間食	（18：00〜延長保育） 遊び 排泄（おまる・トイレ） 間食
	順次降園	

　では，具体的に乳児保育における生活の援助について具体的に考えてみよう。

（1）睡眠に関する援助

　睡眠は，子どもの家庭環境や家庭での生活時間などが関わってくるため，個人差が大きい。就寝時間や起床時間などを保護者から情報として提供してもらうことで，一日全体の中の睡眠をとらえることができる。十分な睡眠を安心してとることができるように，入眠時にも工夫をしたい。例えば，保育者がそばにいて軽く体に触れることや，子守唄を歌って聞かせること，乳児ならば抱っこをすることなどである。子どもによって穏やかに気持ちよく眠れる方法はそれぞれ異なるため，その子どもにあった関わりで気持ちよく眠りにつけるように配慮をしたい。

２章　乳児の生活と保育環境

また，睡眠時の環境にも配慮を要するだろう。静かで落ち着いた環境づくりをし，温度管理や湿度管理を通して心地よい空間づくりをする。カーテンで日差しを遮るなど，採光への配慮も必要となるだろう。ベッド周りなどの寝具も清潔で，特に寝ているときも汗をかきやすいため，頭の下にはタオルを敷くなどの工夫をする配慮が求められる。

睡眠中の乳児の様子にも細心の注意が必要となる。乳幼児突然死症候群（SIDS：Sudden Infant Death Syndrome）は，事故や窒息など死亡するような原因が見当たらないにもかかわらず死亡するもので，１歳未満（特に６か月未満）の乳児で睡眠時に多く発生する。保育の場では，うつぶせ寝を避けるなどの対策をとることや，睡眠時の様子（呼吸や顔色など）をこまめにチェックする体制をとっている。

（2）授乳・離乳食に関する援助

授乳は，栄養摂取する主な目的だけでなく，乳児と保育者が１対１で関わることのできる貴重な時間である。そのため，保育者はゆったりとした穏やかな雰囲気で乳児との触れ合いの時間を大切に考えるように関わることが望まれる。

離乳食は，乳汁栄養から固形の食物から栄養を摂取するように移行する時期の食事であり，年齢や月齢により細やかな配慮が必要となる。５～６か月ころから離乳が開始され，１歳～１歳半くらいまでに離乳はほぼ完了し，幼児食へと移行していく。離乳は，「授乳・離乳の支援ガイド」（厚生労働省，平成19年）を参考に進めるようにするが，家庭との連携のもと，進度を共有しながら，発達に合わせて無理のないように離乳を進めるような配慮が必要となる。また，保護者との連携だけでなく，栄養士や調理員，看護師など保育に関わる職員と情報を密に共有しながら，それぞれの専門性をもって協働することが必要となる。

離乳の援助としては，自ら食べようとする意欲をもてるように関わることが大切にされる。そのため，食事の場面は「楽しんで食べる」「おいしく食べる」ことを重視し，子ども自らが意欲的に食べようとする雰囲気づくりに努めたい。咀嚼の発達が未熟な状況であり，乳歯もまだ生えていなかったりそろっていなかったりする状況では，「上手に食べる」ことは困難となる。こぼすことや汚すこともあるが，育ちゆく子どもに温かいまなざしを向け援助を行いたい。「おいしいね」だけでなく，食感や味を豊かな言葉と表情をもって子どもに伝えるようにしたい。

保育所での実習を想定し，食事の援助を行う場面をイメージしてみよう。いろいろな場面においての例を挙げる。これ以外の場面での言葉がけも考えてみよう。

19

どのような視点で	どのような言葉や表情で	どんな意味をもって
いろいろな味に気づく	「あまいくておいしいね」 「すっぱいね」	「おいしいね」以外の言葉でも味の表現はできることを伝えるため，豊かな言葉がけをする
いろいろな食感に気づく	「あったかいね」 「つめたくておいしいね」	豊かな言葉がけをすることで，食感に気づき，楽しめるようにする
噛むことを促す	「もぐもぐしよう」 「かみかみしよう」 噛んでいる動作を見せる	咀嚼を促し，かみ砕いて飲み込むことを伝えるようにする
食べる意欲につながる	「いっぱいたべたね」 「○○が好きなのね」	励ましたり，ほめたりすることで食べる意欲をもてるようにする
その他 （考えてみましょう）		

　食物アレルギーなどの知識も保育者には必要となる。食物アレルギーの原因となるアレルゲンを除去し，食物アレルギーによる症状を引き起こさないようにすることが重要となる。その場合，保護者や主治医と相談のうえで適切に対応することが必要となる。保育者や栄養士，調理員，看護師などと密な情報共有をし，連携をして子どもの援助を行う。

(3) 排泄に関する援助

　乳児の時期には，おむつ替えで排泄の援助を行うが，保育所実習や施設実習（乳児院等）で学生も実際に行うことがあるだろう。おむつ替えでは，健康状態の把握をするのはもちろん，乳児が安心してその時間を過ごせるように，保育者はゆったりと穏やかに語りかけながら関わり，乳児との信頼関係を築く大切な時間となるようにしたい。

　おむつが汚れたとき，乳児は泣いて知らせたり，表情で気持ち悪さを伝えたりする。保育者はすぐにおむつ替えをして，さっぱりとした清潔の気持ちよさを伝えるようにしたい。保育者は，1対1の関わりをもてる機会を大切にし，プライバシーに配慮できる環境のもとで安心して過ごせるように，微笑みかけたり，言葉をかけたりしながら，ゆったりとした穏やかな雰囲気で乳児との触れ合いの時間を大切に関わることが望まれる。また，そのなかで，便の状態や肌の様子など，乳児の健康状態を把握するようにする。

　一人ひとりの排泄を観察していると，排尿の間隔があいてきたり，排尿後におむつを気にしだしたりする時期には，トイレに誘うようにする。排泄に関する体の機能が整う頃に，排泄の習慣を次第につけるようにする。生活の区切り（午睡前や午睡後，遊んだ後や食事後など）のときにトイレに誘うことで，排泄を便器で行うことを伝える。このようなトイレトレーニングは，保育者の都合で行うの

ではなく，子どもの気持ちを大切にしながら関わりたい。

（4）清潔に関する援助

　清潔の感覚は，睡眠や排泄や食事（授乳・離乳食）などとは異なり，自然に身につくものではなく，日々の生活のなかで身近な大人と関わりながら身につけているものである。おむつが汚れたら替えてもらう，食事中に口の周りが汚れたら拭いてもらう，砂場で遊んだ後は手を洗う，濡れたり汚れたりしたら着替えるなど，さっぱりすると気持ちがいい経験を繰り返すなかで，清潔の感覚は身についていくようになる。保育者は，声をかけたりしぐさや表情で表現したりしながら，子どもに不快な状態から心地よい状態への変化を伝えるようにしたい。

（5）衣服の着脱に関する援助

　乳児は新陳代謝が活発なため，日に何度も着替えをする。衣服の調整を通して健康を保持できたり，着替えを通してさっぱりとした清潔の心地よさを知ったりする。衣服の着脱は身辺の自立につながり，子ども自身が自らの生活の基盤をつくる一つとなる。保育者は，衣服の素材が子どもに合っているか，季節に合っているか，成長や発達に応じたものであるかなどを考慮しながら援助をする。

　乳児の場合は，衣服の着脱時には，やさしく声をかけ穏やかな雰囲気で関わり，触れ合える時間を貴重な時間としてとらえ，信頼関係を築くきっかけの時間としたい。保育所実習や施設実習（乳児院など）では，学生も実際に衣服の着脱を援助することがあるだろう。着替えさせることだけに目を向けるのではなく，乳児の気持ちをイメージしながら声をかけ，援助をするようにしたい。

　ハイハイをしたり，つかまり立ちをしたりする体の動きが活発なるころには，衣服の乱れやすさも目立つようになるため，体に合わせて動きやすい服を選ぶことも必要となる。また，活発に動くということは，汗をよくかき衣服が濡れることも考えられるため，何度も着替え，衣服の調整によって体温調整ができるようにしたい。

　さらに動きが活発になる1歳過ぎには，保育者の姿を模倣しながら，袖に手を入れようとしたり，頭を通そうと服を引っ張ってみたり，自分でやってみようとする姿が見られる。次第に，ズボンを脱いでトイレに行き，自分ではこうとするなど「じぶんでやってみよう」という気持ちが出てくるようになる。保育者は，その気持ちを大切にし，できるところは見守り，できないところはさりげなく手伝い，子どもの自信につなげるなどの援助が必要だろう。

　生活を自分でつくり出していく力が育つことで，子どもは自信をもって様々なことに挑戦していく。保育者は，その育ちゆく力を信じ，見守ったり援助したりしながら関わりたい。

　保育所実習を行うときには，どのような生活場面の援助をしたいか考えてみよ

う。そのときに，どのような配慮を行うようにしたいかも書いてみよう。

生活場面	どのような援助	どのような配慮

2. 乳児が生活する場の環境構成

1 乳児が一日を過ごす場としての環境

　乳児にとって，保育所は家庭と同様の生活の場である。生活の場として家庭的な雰囲気のくつろぐことのできる場が求められる。具体的にはどのような環境が乳児にとってくつろぎの場となるのだろうか。様々な保育所を見学させていただくと，床の一部に畳やカーペットを使用し，寝転がったりハイハイを楽しんだりする様子が見られるなど，くつろぎの雰囲気を感じられる工夫が随所にちりばめられていることに気づく。各園の施設設備を活用し，乳児にとって過ごしやすい場所を工夫しながら環境構成を行いたい。

　また，保育所や認定こども園などでは，3歳以上の子どもとは別の場所に乳児や3歳未満児の専用スペースとしての園庭を設置している園もあり，安全面に配慮しながら，子どもたちが伸び伸びと活動できる場を確保している様子が見られる。乳児の発達に応じた遊びを展開するためには，このような配慮や工夫があることが望まれる。

①乳児が一日を過ごす場としての環境

> **事例2－1：保育室の装飾についての事例**
> 　乳幼児が過ごす場では，子どもの作品や季節の彩りを考慮した壁面を装飾することがある。しかし，過度な装飾は，子どものくつろぐ空間としてふさわしくないと言える。例えば，保育士による色画用紙を使って壁面を埋め尽くすような装飾，必要のない色とりどりの装飾などは，かえって窮屈さを感じ，くつろぐ雰囲気からは遠ざかるのではないだろうか。子どもの作品のほかには，花を飾ったり自然物を取り入れた落ち着いた空間づくりをしたりし，子どもの生活を彩るようにしたい。

2 遊びを通して豊かな経験ができる環境

　乳児の発達に合った玩具や絵本などはどのように整えたらよいだろうか。月齢や年齢により，揃えてほしい玩具や絵本は違いを見せることがあるが，子どもの

発育・発達や興味や関心に基づき選択をするようにしたい。次は，乳児が興味を
もって楽しみそうな玩具例である。他にもどんなものがあるか考えてみよう。

乳児	ガラガラ，プレイジム，大きなブロックなど
1歳以上3歳未満児	大きな布，パズル，人形，積み木，ボールなど ボール，ブロック，ままごと，布，クレヨンなど

　多くの保育所や認定こども園では手作り玩具などを活用している様子が多く見
られる。段ボールや紙皿などを使って作ったキッチンセットや，廃材の牛乳パッ
クなどを組み合わせたイスとテーブル，ペットボトルのボーリングセット，飲料
容器を使用したガラガラ，透明なホースにカラフルな布やプラスティックチェー
ンを通したもの，手作りの仕掛け絵本や手袋人形など，目の前の子どもに合わせ
て制作されたものである。保育者という人的環境が関わって，これらの物は子ど
もにとっての重要な物的環境となる。

3 事故防止と衛生管理及び安全管理

　「保育所保育指針」第3章健康及び安全には「3　環境及び衛生管理並びに安
全管理」として，保育の場における衛生管理や安全管理について示されている。
　衛生管理については，次のように示されている。

---

(1)　環境及び衛生管理

ア　施設の温度，湿度，換気，採光，音などの環境を常に適切な状態に保持
　するとともに，施設内外の設備及び用具等の衛生管理に努めること。
イ　施設内外の適切な環境の維持に努めるとともに，子ども及び全職員が清
　潔を保つようにすること。また，職員は衛生知識の向上に努めること。

　子どもにとって，心身の健康と情緒の安定を図るために様々な配慮を行い，心
地よく一日を過ごすことができるように環境を整えることが重要である。温度や
湿度は日々のチェックを行い，記録することを通して管理を行うとよいだろう。
音に関しては，保育者の声を含めて大きさや表現が月齢年齢にふさわしいか考え
るようにしたい。また，定期的な設備点検などを行い，衛生的で安全な環境の維
持に努めるようにしたい。
　事故防止や安全管理については，次のように示されている。

---

(2)　事故防止及び安全対策

ア　保育中の事故防止のために，子どもの心身の状態等を踏まえつつ，施設
　内外の安全点検に努め，安全対策のために全職員の共通理解や体制づくり
　を図るとともに，家庭や地域の関係機関の協力の下に安全指導を行うこと。

イ　事故防止の取組を行う際には，特に，睡眠中，プール活動・水遊び中，食事中等の場面では重大事故が発生しやすいことを踏まえ，子どもの主体的な活動を大切にしつつ，施設内外の環境の配慮や指導の工夫を行うなど，必要な対策を講じること。

ウ　保育中の事故の発生に備え，施設内外の危険箇所の点検や訓練を実施するとともに，外部からの不審者等の侵入防止のための措置や訓練など不測の事態に備えて必要な対応を行うこと。また，子どもの精神保健面における対応に留意すること。

衛生管理や事故防止，安全管理などは，保育所全体で組織的に取り組むことであり，職員全員で園内研修などを通して情報の共有，ヒヤリ・ハット事例の収集，課題の把握，対策案などを全職員で取り組むことが重要となる。

事例２－２：安全管理の事例

保育所全体で取り組むことの一つに避難訓練がある。避難訓練は，火災による避難訓練や不審者対策による避難訓練などが多く実施されている。東日本大震災や熊本地震などを経て，地震を想定した避難訓練や水害を想定した避難訓練などに取り組む園も多いだろう。それぞれの園の環境や状況を考慮し，日常から考えられるリスクを職員間で共有することが求められる。例えば，水害が起きたときは園のどこに避難したらいいのか，園の中での避難が難しい場合には近隣の高い建物（マンション等）が一時避難場所となるように，日ごろから地域との連携を心がけておくことなどが必要である。また，自然災害等の場合は，子どもの引き渡しなど保護者との連携が必要となる。避難訓練に取り入れる工夫もしたい。

事例２－３：乳児の保育室の環境を整える

環境を通して行うのが保育であることを考えると，その環境をどのように構成するかは極めて重要なことだといえる。３歳未満児，とりわけ乳児にとっては，まずは安全に安定して一日を過ごす環境を整えることは保育者の重要な仕事だといえよう。

子どもが安全に過ごすためには，保育者の安全管理および衛生管理への意識が必要となる。そのためには保育者自身が乳児の行動や興味関心に目を向け，子どもの姿をイメージすることが重要となる。子どもの発達に目を向け，現在，何に興味や関心があるのかを目の前の子どものことをよく知ろうとすることである。

保育室の家具の配置などを行う場合には，子どもと保育者の動線を考えて配置を行うことが求められる。乳児は這ったり，つかまり立ちをしたり，床や壁側面に触れた状態で活動を行うことが考えられる。ぶつかったり，躓いたりがないように，家具の配置に凹凸がなくまっすぐに整えることが必要だろう。また，上に乗せていたものが落ちてけがにつながることが考えられるため，テーブルクロスなどの不安

定な装飾はしない。なんでも口に入れて確認するだろうと思えたら，掲示物などに画びょうを使わない，絶えず不要なものが落ちていないか確認し，感染症を避けるためにもその場を清潔に保つことも求められる。

保育実習生は，保育室等の掃除を担当することもあるだろう。子どもの環境を整えることは，子どもの生命を守り，安心して生き生きと過ごすことのできる環境づくりに関わるということである。事故の防止を念頭に安全管理，衛生管理の一端を担うことの責任を感じながら実習に真摯に向き合ってほしい。

　保育所実習を行う学生なども，保育時の散歩等に同行し，子どもの援助に関わることもあるだろう。そのような場合には，そのような危険を予想し，その対応策は何かなど，自分なりに考えたことを保育者に積極的に質問するなどして，実習中といえども子どもの安全を守る環境であるべきことを認識したい。保育室で想像される事故や，それの対策案などを考えてみよう。

【参考文献】

社会福祉法人あすみ福祉会茶々保育園グループ編『新訂　見る・考える・創り出す乳児保育』萌文書林，2017

大橋喜美子『新時代の保育双書 乳児保育 第2版』みらい，2016

大橋喜美子『子ども環境から考える保育内容』北大路書房，2009

第**3**章

乳児の発達と遊び

〈学習のポイント〉　①乳児の発達過程を理解しよう。
　　　　　　　　　　②乳児にとっての遊びの意義について考えよう。
　　　　　　　　　　③乳児の成長・発達と遊びの関係，遊びの種類について学び，理解を深めよう。

1. 乳児の発達過程

1 発達段階からみた乳児の特徴

　乳児は，周囲との関係性のなかで，周囲に適応しながら，生きていく。そのなかで，日々の生活や遊びを通して心身の発達が促されていく。発達を理解するうえでは，発達過程など大切なことを踏まえて，子どもの育ちを支えていくことが必要となる。

　発達を理解するうえで大切なことは，まず，心身の発達には，発達の方向性，順序性があることである。そして，横や縦の関係で発達している。頭から足の方向へ，身体の中心から抹消の方向へと発達が進んでいく。また，発達は一定の順序で連続して進んでいく。例えば，首が座らないとお座りができないとか，意味のある単語が言えないと二語文や三語文は話せないなどである。次に，発達には個人差があることである。大まかな一定の目安があるが，一律ではない。発達の時期がずれてもいずれは発達していく。その際，個人差なのか，そうではないのか，一般的な発達の経過と比べたとき，その子の状況が個人差の範囲なのか明らかな遅れなのか，そのあたりの判断が難しくかつ重要となってくる。「○○歳で○○ができる」と一つの項目や年齢で判断するのではなく，全体の傾向をとらえることが大事になってくる。

　発達は，常に直線的に進むのではなく，あるときぽんと発達したり停滞する時期があったりというリズム性もある。また，言葉が発達するためには，運動能力や，知的な部分でも発達しなければならないように横の関係性もある。総合的に，子どもの発達をとらえ，そのときそのときの子どもの育ちの段階を見極め，どのような育ちの援助が必要なのか適切に行うことが大事となる。

(1) 乳児の発達

　0歳児は母胎内から外界への環境の変化に適応し，この世界を感じ把握する時期にある。心身の未成熟から誕生後からしばらくの間は，周りをじっと見たり，声や音のする方に目を向けようとしたりする。手のひらに指を置くと，ギュッと

握り返してくるといった「把握反射」，急な音に反応し，両腕を伸ばして抱きしめるような動作をするといった「モロー反射」などのいくつかの原始反射が見られる。その後は著しい発育・発達が見られる。視覚，聴覚などの感覚の発達も目覚ましく，自分を取り巻く世界を認知し始める。親や養育者の働きかけに対しては，笑う，泣くという表情の変化や体の動きなどで自分の欲求を表現するため，必ずしもわかりやすい反応を返してくれるわけではない。

しかし，乳児は，後の大きな発達のために，日々，小さな育ちの変化を積み重ねている。その変化を見逃さないようにし，乳児を一人の主体として認め育ちの援助をしていくことが大切となってくる。

表情にも変化が出て，体や喃語*などによる表現をする。泣いたり，「アーウー」「ダアダア」などといった喃語を出して，身近な大人とのコミュニケーションをはかるようになる。「どうしたの？　おむつが濡れて気もち悪いのかな」「おなかすいた？　ミルクがほしいのかしら」などと，大人がきちんと応えてあげることが重要である。

言葉は交わせなくても，こういったコミュニケーションから，信頼感が芽生え，緒的な面の発育が促される。

運動機能の発達により，探索活動が活発になり，ひとりで座る，立つ，伝い歩きといった動きができるようになる。さらに，這ったり歩いたりという運動面の発達により，行動範囲が広がる。体の発達とともに，周囲に対する興味や冒険心がわいてくる頃である。

*喃語（なんご）：乳児のまだ言葉にならない意味のない声のこと。

表3-1　乳児の発達

(筆者作成)

言葉の理解	・泣く。笑う。人に声を出す。 ・音に反応する。 　（人の声に反応する。ほめるときと，怒ったときの声の調子がわかる。） ・声を返せる。 　「うー。うー。」というと「うー」と返してくる。 　「あー」「うー」などの母音が出る。 　「ま」や「ば」などの音が出る。（0歳後半くらいから） 　「たー」や「ちゃー」などの音が出る。（0歳後半くらいから） ・「バイバイ」という声に応じる。
人間関係	・抱いたり降ろしたりすることで機嫌が変わる。母親（養育者）の存在によって感情が変わる。 ・人のはたらきかけで笑う。人の顔を見る。 ・人見知りをする。（0歳児後半くらいから） ・おもちゃを取ると怒る（泣く）。
生活	・顔にタオルがかかると嫌がる。 ・おなかがいっぱいのときは，おっぱいを上げようとしても飲まない。 ・コップや器を口に持っていく。 ・食の変化（離乳食が始まると，食べ物に親しむことにより，噛む，飲み込むなどの行為ができるようになる。）

読み書き	先々の読み書きにつながる学びがある。 ・絵本を見せると，見たり指をさしたりする。 ・物を持つ，点を描く。（ペンは持って，紙に当たって点々がつく程度。）
運動	・首がすわる（3〜4か月頃） ・物をつかむ（0歳前半） ・寝返り（6か月前後） ・持っていた物を，反対の手に持ちかえる（0歳後半） ・座れる（0歳後半） ・つかまり立ち（1歳直前くらい）

（2）1歳児の発達

　つかまり立ちや立ち上がりが徐々に始まり言葉も単語が出始める。「こちらの話を聞いて理解している赤ちゃんっぽい子ども」に少しずつ成長していく。

表3−2　1歳児の発達

(筆者作成)

言葉の理解	1歳になると徐々に「言葉の理解」が始まる。 ・「バイバイ」「ちょうだい」「おいで」などの言葉かけに応じることができてくる。ただ聞くだけではなく，「おいで」に対して行動が伴ってくる。 ・絵本などを見て，お母さんが言った物を指させたり，物の名前を理解するようになる。 ・「鼻ってどこ？」など簡単な体の部分を聞くと指させる（目や鼻や口や頭など）。 ・絵本を読んでもらいたがるなどの知的好奇心が出てくる。 ・ぬいぐるみをかわいがる（よしよししたり，抱っこしたりなど）。
話し言葉	子どもにとって聞いてわかることが必ずしも話せることにはならない。 ・言葉を真似る。 ・声を出して，物をほしがる。最初は「うー」など。言葉が出てくると「まんま」「ぶーぶー」など特定の言葉で要求。 ・言葉がで始める（はじめは2〜3語）。 ・次第に絵本の絵や何かを見たときにその物の名前を言う。 ・「あれ，なあに？」に答えられる。 　（例えば普段から「ぶーぶー（車）」を言える子に，少し離れた場所にある車を指さして「あれなあに？」と聞くと，指をさしたほうを見る。）
人間関係	親（特定の養育者）との関係が強い時期。 ・親の後追いをする。 ・簡単なお手伝い（「○○とってきて」など）。 ・見てほしいので，指をさす。 ・手をつなぐ。 ・「どっちにする？」（ある程度選択に統一感が出てくる）。 ・学習し，反復する。（楽しいことや嬉しいこと・面白いことがあると，繰り返す）。
生活	・自分でコップを持って自分で飲もうとする。 ・自分でスプーンを使おうとする。 ・服を着るときに協力してくれる（次第に足を広げたり手を伸ばしてくれたりなど協力してくれるようになる）。 ・自分で食べてみる（少しずつ「自分で食事をする」ことができるようになる）。
読み書き	・「同じものをちょうだい」がわかる（例えばスプーンとフォークがあって，お母さんが持っているのと同じ形を選べる）。 ・なぐり描き（ぐるぐる丸を描く様子など）。

| 運動 | ・立ちあがる（物につかまらず，その場から立ち上がる）。
・歩く。はじめはゆっくり２～３歩から。
・ふたをあける。
・つまむ。
・物を重ねる（積み木など）。
・水を注ぐ（コップからコップへ移す作業）。 |

（3）２歳児の発達

　２歳になると，語彙数も増え，したいことやしてほしいことを言葉で表すようになる。

　自我が育ち，「自分で！」「嫌！」「ダメ！」などと自己主張をし，時には，大人の手助けを嫌がり，思いどおりにならないことがあれば，泣いたり，かんしゃくを起こしたりする。第一次反抗期ともいわれる時期である。

表３－３　２歳児の発達
（筆者作成）

言葉の理解	・動詞がわかりはじめる ・絵本などで「食べてるのどれ？」「走ってるのどれ？」がわかる。「大きい」「小さい」，「長い」「短い」がわかる。 ・「おへそってどこ？」など体の部分を指させる。 ・「形容詞＋名詞」がわかる（「大きい車」「小さい猫」など）。 　例「大きい猫」「小さい猫」「大きい犬」「小さい犬」の中から選ぶなど。 ・色の名前がわかりだす。（「赤いのどれ？」など複数の色がわかる）。
話し言葉	・二語文が出る（「ごはん食べる」など）。 ・言える動詞が出てくる。絵や状況を見て「食べてる」「走ってる」など名詞ではなく動詞で答える。 ・「おいしいね～」など共感的な言葉が言える。 ・「バイバイ」や「ちょうだい」，「だっこ」など言える。 ・「ここ」「これ」など代名詞が言える。 ・「なに」「どれ」など疑問詞が言える。 ・名前を聞かれたら，フルネームで答える。 ・「これ大きいね。こっちは？」→「小さい」など。 ・「名詞＋動詞」の表現（「鳥さん飛んでる」など）。
人間関係	・おもちゃの電話で「もしもし～」ができる。 ・ぬいぐるみや兄弟のお世話をしようとする。 ・絵の表情がわかる ・兄妹や友達をけんかをすると告げ口に来る。 ・ジェスチャーがわかる。
生活	・事前に「おしっこ」を言う。（「おしっこ」が出そうな感覚がわかる）。 ・洋服の脱ぎ着ができ始める。 ・食事が上手になる 。
読み・書き・計算	・丸, 三角，四角の形がわかる。積み木や型はめのおもちゃなど。同じ形を集めたり・形の認識が，先々の識字につながる。 ・丸を描く。 ・線を描く。 ・×や十字を描く。 ・「多い」と「少ない」がわかる 。
認識	・色がわかる（「これと同じ色どれかな？」赤・青・黄色・緑など原色）。 ・二語文を繰り返せる（記憶ができる）。

運動	・階段を上がる。
	・両足でぴょんぴょん跳ぶ（両足をそろえて跳べる）。
	・くるっと回る。
	・ボールをちょっと蹴れる。
	・鉄棒などにちょっとぶら下がれる。

2. 遊びの意義

１ 乳児にとっての「遊び」の意義

　乳児は，まだ言葉が話せないため，それ以外の方法で，他者との関わりを行っている。乳児は，日々の生活のなかで，自ら発達しようとする存在である。そのため，言葉以外の泣く・笑うという行為を通して，周囲へ向けて自己表現を行い，基本的な生活習慣を獲得しようとしている。自ら育とうとする乳児は，日々の生活のなかで，主体的に周囲へ関わっているのである。関わりを通しての遊びは子どもの成長にとって欠かせない活動なのである。

　「遊び」は，自然な活動であり，乳幼児期の子ども達にとっては「自然的要求」である。つまり，乳児が主体的に周囲に関わっている行為，「自然的要求」である空腹・睡眠・排泄・快・不快等が「遊び」といえる。そして，この遊びは，自ら育とうとする力を発揮し，人とも関わる力を養うものである。乳児が遊びを楽しんでいるうちに，教育的価値といった側面から，大きな教育的成果，学習的成果を生み出すことができるのである。

　乳児は，ある特定の大人との情緒的な絆（アタッチメント）を土台として，いろいろなものに興味関心をもち，周囲に関わっている。この時期は，生活と遊びは未分化であり，混沌とした状態であり区別は難しい。生活そのものが遊びであり，「生活＝遊び」ととらえてもよい時期である。大人が生活と遊びに区別することが多く，親や保育者からの遊びとしての意図的な関わり，それを「遊び」ととらえられる。子どもは遊びを通して，様々な感情や時空間を体験し，種々の能力を獲得しているもので，それは，興味関心をもって身近な環境と関わり（探索行動），乳児自身の自発性に支えられている。「遊び」を通して，様々なものに関わり，体験・経験を重ね心身の発達を促し，子どもの豊かな育ちにつながっていくのである。

3．乳児の成長・発達と遊び

１ 乳児（０歳児）の発達と遊び

先の述べた発達段階を踏まえたうえで，大人が積極的に関わっていくことが大切である。

（1）０～４か月

泣くことは子どもが不快な状況を大人に伝える唯一の伝達手段となっている。視線を合わせて，優しく声をかけ，スキンシップをしながら，応答していくことが求められる。

追視*が始まる時期であるが，視力が未発達なのでなるべく近づけて，ゆっくりと色のはっきりしたおもちゃなどを動かすようにする（ベットメリー・モビールなど）。また，手遊び歌を歌いながら手足を動かす機会をつくるなど，コミュニケーションを楽しむ。

音のする方向がわかるようになる。ガラガラなどのおもちゃや手拍子を使って好奇心に刺激をしていく。

自分の体に気づく時期となる。手足を伸ばしたり，いろいろな部分をタッチしたりと，体を動かす遊びなども取り入れる。

表情が豊かになってくるこの時期は，「あっぷっぷ」など顔を使った遊びなど，様々な表情を見せるとよい。

首がすわってくると視野も広くなり，体の筋肉もより発達していく。大人の膝の上にのせて揺らしてあげるなど，バランス能力を鍛える遊びなど取り入れる。見る，聞く，触るなどの感覚が養われていく時期である。音や触感の異なるおもちゃに触れて，諸感覚を刺激する物等を用意するなど工夫する。

> *追視：生後２か月ごろから始まる，目の前で動くものを目で追いかける運動のこと。

（2）５か月～６か月

言葉のやりとりを楽しむ。興味をもったものに「これは○○だね，はいどうぞ」などと，子どもの気持ちを汲んで言葉にして伝えながら渡してあげたり，喃語に対して「楽しいね」「上手だね」などと反応を示してあげたりと，積極的に話しかけていく関わりをする。

「いないいないばあ」などの遊びを喜ぶ時期でもある。手のひらにボールを隠して出したり，ハンカチを箱にしまって引っ張り出したり…，予想する力や想像力を養う遊びを取り入れるとよい。

ほしいものに手を伸ばす，指差しをするなど。意思がわかりやすくなってくる。そのサインにしっかりと目を向け，しっかりと応答していく。

(3) 7か月〜8か月

人見知りが始まる頃である。きちんと愛着が形成されて情緒が育っている証拠であるため，十分なスキンシップや言葉かけを行いながら，あたたかく見守っていくことが大事となる。

腰がすわり，両手を離しても安定して座っていられるようになるため，手遊びなど両手を使った遊びをたくさん行う（平面型パズル，ぴっぱりカンカン，ポットン落としなど）。

大人が隠れて「どこかな〜？」などと呼びかけると，大人の姿を探すようになる。かくれんぼなどは全身運動にもつながるので，楽しんで行うとよい。

同じ遊びを繰り返すことで，乳児は，様々なことに気づき，心身の発達につながっていくので，繰り返し遊ぶことを妨げないようにしていくことが大事である。

ハイハイやつかまり立ちをする子も出てくる時期で，行動範囲がぐんと広がるため，誤飲や転落など，事故のないように安全対策をしっかりと行う注意が必要である。

(4) 9か月〜10か月

物への興味が広がり，一人遊びができるようになる。しかし，言葉の発達やコミュニケーション力の向上のためには，できるだけ大人が関わりながら遊ぶようにする。

この頃は，大人のしぐさをまねるのが大好きである。「パチパチ」，「バイバイ」など上手にまねできたら，たっぷりほめてあげることで，やり取りを楽しめるようになる。

何でも口に入れる，好奇心が強くなる，行動範囲が広がる，このことから安全にはいっそうの配慮が必要。衣服などに外れそうなボタンがないか，電池やおもちゃのパーツが床に転がっていないかなど，安全に探索活動ができるように環境整備を行う。

(5) 11〜12か月

歩行に向けて，つかまり立ちや伝い歩きが始まる時期である。手押し車や歩行器など，歩きたい気持ちをサポートできるような遊びを考えて行う。

まだはっきりと言葉を話すことができなくても，意思表示ははっきりしてくる。その気持ちを汲み取りながら，「○○したいのね」「○○がほしいの？」など言葉にして応答し，言葉の発達へつなげていく。

生後12か月頃になると，大人の言うことがだんだんわかってくる。まだはっきりと理解はできなくても，遊びのなかで危険なこと，やってはいけないことについては根気よく伝え続けることが大切である。

愛着の形成には大人との関わりが大切である。母親や保育者など特定の人との間に形成される愛着は，情緒の安定や信頼感に結び付くとても大切なものである。自分が常に愛され守られている，この人のそばにいれば安心だと感じられる関係を築くためにも，日々の生活や遊びで「アイコンタクト」「スキンシップ」「言葉かけ」を積極的に行うことが重要となる。

（6）乳児への絵本の読み聞かせ

発達段階でも示したが，0歳児の場合，視力はあまり発達していない。しかし，そんななかでも絵本は大人とのコミュニケーションを密にとるには，良い機会となり，視覚と聴覚，また場合によっては触覚すべてを使って楽しめるので，非常によい刺激遊びとなる。

0歳児の絵本選びでは，次の点を考慮するとよい。

- ・はっきりとした色，形であること。
- ・絵や形が大きくわかりやすいこと。
- ・短い言葉やシンプルな喃語で構成されていること。
- ・飽きずにいられるページ数であること。
- ・汚れにくく，手指を傷つけない形状や素材であること。
- ・ふれあい遊びなどにつなげられるもの。

発達の著しい乳児（0歳）の時期だからこそ，発達の段階やその子の育ちの見通しをもったうえでの，その時期に育つ力をきちんと把握した，充実した保育の提供につなげることが大切である。この時期（乳児期）の育ちが，その後（1，2歳児）の育ちにつながっていくことを，踏まえておくことが重要となる。

また，保育者が具体的な接し方のコツを，保護者にアドバイスすることで，よりよい育ちの環境をつくる「家庭支援」にもつなげられる。

4. 遊びの種類

遊びには，様々なものがある。乳児期は，「生活＝遊び」とするならば，遊びは，発達に重要な役割的意味を持っている。特に，社会性の発達とは大きく関わっているといわれている。

乳児期の遊びは，大人（身近な人）との関わり遊びから，乳児自身の興味関心から様々な物に対する探索行動が始まり，それを通して自ら遊び始める。そこでは，自発的に関われるように環境を整え，乳児自身が，面白さ・心地よさを楽しめるように細かい配慮や，丁寧な関わりが大切となる。

遊びは，①自発性（自由で，自分からすること）②自己完結性（遊ぶこと自体が目的であるような，満足するまですること）③自己報酬性（喜びの感情を伴い，「楽しい」という自分へのご褒美を与えること）の３つに集約されると言われている。

自発性は，「面白い」「楽しい」といった快の感情から，「もっともっとやりたい」という意欲につながり，人・物・事象などに主体的に関わろうとする。関わりが深まることで，遊びの楽しさは増し，興味関心がさらに高まり，繰り返し行う。そして，その遊びのなかに，発達に必要な経験・体験を積み重ねることで，態度として身につき発達が促されていくのである。

乳児は，早い時期から五感をフルに働かせ，まわりからどんどん刺激を吸収している。保育者からの語りかけや，関わり遊びを通して乳児との関わりを楽しむことが大切である。

その過程のなかで発達していく身体の機能を使って遊ぶことで，次のステップにつなげることができるよう，段階に応じた遊びを提供してあげることも大切である。また，旺盛な好奇心を満たす遊びを十分に行える環境を整えることは，心の発達にもつながる。子どもたちのなかに育ちつつある力を伸ばし，発展させるためにも，この時期の「遊び」は大変大きな意味を持っている。

遊びはその分類の仕方も様々であり，ビューラー・山下俊郎は，以下のように分類している。

①感覚遊び…物を見たり，聞いたり，さわったりなどの感覚器官を使って楽しむ遊びである。ガラガラ・オルゴール・笛・縫いぐるみなどで遊び，２歳ごろまでの乳幼児に多くみられる。
②運動遊び…手足や全身を使って楽しむ遊びである。すなわち，走る・跳ぶ・投げる・ける・ぶらさがる・滑るなどの運動を伴う遊びである。滑り台・ブランコ・ボール遊び・鬼遊び・縄跳びなどであり，年齢とともに多くなる。
③構成遊び…作ったり，描いたり，組み立てたりして楽しむ遊びである。積木・ブロック遊び・粘土遊び・折紙遊び・描画・砂遊びなどで，幼児後期には最もひんばんにみられる遊びである。
④模倣遊び…子どもが経験したり見たりした社会事象や，絵本・テレビ等で見た内容を模倣し，想像しながら再現して楽しむ遊びである。お母さんごっこ（ままごと）・お店屋さんごっこ・乗り物ごっこ・スーパーマンごっこなどの「ごっこ遊び」であり，２〜５歳ごろにかけて活発に行われる 遊びである。
⑤受容遊び…絵本・紙芝居・テレビを見たり，童話やお話を聞いたり，音楽を鑑賞したりして楽しむ遊びで，いわば受身の形で楽しむ遊びである。

1 乳児保育と遊び

（1）ねんね・首が座るころ

ほっぺツンツン，おててにぎにぎ，あかんべーの真似っこ，さわってリンリン，ぎっこんばったん，たかいたかい，こちょこちょ遊び，お散歩など

（2）お座り・つかまり立ち・とことんあんよのころ

おひざでピョンピョン，いもむしゴロゴロ，積み木くずしっこ，釣りごっこ，宝さがし，穴にポトン，ボールでポン，新聞紙ビリビリ，いないいないばぁ，トンネルくぐり，鏡でこんにちは，ハイハイ追いかけごっこ，ちょうだい・どうぞ，お手伝い遊び，おもちゃ引っ張れ，カチカチ積み木，お散歩など

（3）2歳児ごろ

簡単ないす取りゲーム，ボール投げ，しっぽとり，ボウリング，段ボールハウス，お手伝いごっこ，人形遊び，ままごと，積み木，お絵かき，歌遊び，手遊び，楽器を使ったリズム遊び，水かけっこ，固定遊具，お散歩など

2 乳児保育とおもちゃ

乳児の興味関心を刺激するには，乳児が周りを知る手掛かりだったり，遊びを広げるということの役割がおもちゃにはある。

生まれたばかりで，この世界のことがわからないで生まれてくる。物の性質。重い，軽い。固い，柔らかい，つるつる，ザラザラ，転がる，伸びる，縮む，音が出るなど，すべての物との関わりのなかで学んでいくのである。乳児自ら関わる対象として，発達に合ったおもちゃの存在は必要である。

また，この時期は，同じおもちゃで遊びたい欲求にこたえるために，おもちゃはいつでも好きなもので遊べるよう，豊富に用意して多く必要がある。

まだ，脆弱で幼い乳児期の子どもには，おもちゃを与える際に配慮しなければならない点がある。

（1）選び方

①自分から働きかけないと動かないもの＝押すところがる，振ると音がなる，さわるとガサガサと音のするものなど。

②色がきれいではっきりとしたもの＝赤・青・黄色・緑，黒く輪郭がはっきりとしているものなど。

③手触り，肌触りがよいもの＝フワフワしているもの，弾力があるものなど。

④形状が簡単なもの＝ボール，積み木，握りやすい物など。

⑤安全なもの＝突起がないこと，部品が外れたり壊れたりしないもの，口に入れても安全なものなど。

（2）遊ばせ方

①保育者から，おもちゃを持って関心を引くこと。

　　乳児の自由な遊び方（見つめる，口に入れる，じっと見ているなど）を見守る。

②乳児が満足して遊んだら，保育者は新しい遊びの提案をし，好奇心を高めるようにする。

> **事例3−1：寝返りでボール遊び**
> 　7か月のK君は，タオル生地でできた，ボールが大好きである。さわると鈴の音がする。寝転がりながらボールを両手で持ち変え眺めたり，口になかに入れなめたりしている。いつも大好きで話さなかったボールを，手から離して体のわきに置いていた。そこで，保育者はK君が横向きになると見える範囲に，ボールを転がしてみた。「うーっつ，」転がる音の出る大好きなボールに手を伸ばした。「とれるかな？」と保育者が声をかけると，体を横にして寝返りして，ボールを追いかけた。やっと取れたK君が，保育者が「とれたね。良かったね。すごいすごい！」と声をかけると，とてもうれしそうに笑顔を見せ，にこにこしている。転がしてもらっては，寝返りをして取りに行く遊びをしばらく繰り返していた。

③ 発達年齢とおもちゃの種類

（1）0～3か月（ねんねのころ）

にぎにぎ，ガラガラ，でんでん太鼓，ベットメリー，ぬいぐるみなど

（2）3～5か月（首すわりのころ）

歯固めおもちゃ，ガラガラ，プレイジム，ぬいぐるみなど

（3）5～9か月（お座りのころ）

歯固めのおもちゃ，ボール，ぬいぐるみ，太鼓・ラッパ，積み木，コップ，人形，お手玉，布，など

（4）9～12か月（つかまり立ちのころ）

押し車，楽器のおもちゃ，ボール，ぬいぐるみ，積み木，乗って遊べる車，ブロック，重ねコップ，チェーンリング，引いて歩くおもちゃなど

（5）1歳～1歳半（よちよち歩きのころ）

積み木，パズルボックス，乗って遊べる車，三輪車，お絵かきボード，ミニカー，ブロック，砂場遊び道具など

（6）1歳半から2歳（とことこ歩きのころ）

おままごと道具，ミニカー，電車，線路，乗って遊べる車，お絵かきボード，ボール，ブロック，パズルボックス，洗濯ばさみ，マジックテープ・ボタンなどのついた布製の絵本，ひも通し，楽器のおもちゃなど

（7）２歳代

　三輪車，おままごと道具，ミニカー・電車，お絵かきボード，ブロック，ぬいぐるみ，人形，砂場遊びの道具，ボール，ひも通し，楽器のおもちゃ，折り紙，なぐり書き，ごっこ遊びの衣装，テーブル，イス，お散歩など

【参考文献】

岡本依子他『エピソードで学ぶ　乳幼児の発達心理学−関係の中でそだつ子どもたち』新曜社，2007

加藤泰彦他『子どもの遊びと発達１−ピアジェの構成論と物と関わる遊び』大学教育出版，2007

河崎道夫編『子どもの遊びと発達』ひとなる書房，1983

ピアジェ他，赤塚徳郎・森楙監訳『遊びと発達の心理学』黎明書房，2000

母子健康協会編「特集：保育における子どもの社会性とイメージする力を育てる遊び」『ふたば NO.80 号』，2016

榊原洋一・今井和子編著『乳児保育の実践と子育て支援』ミネルヴァ書房，2007

開一夫・斎藤慈子編『ベーシック発達心理学』東京大学出版社，2018

伊藤良高・伊藤美佳子編『乳児保育のフロンティア』晃洋書房，2018

阿部和子編『演習乳児保育の基本』萌文書林，2016

鈴木八朗編・汐見稔幸監修『発達のサインが見えるもっと楽しい０・１・２さい児の遊びとくらし』ひろばブックス，2017

内田伸子編『よくわかる乳幼児心理学』ミネルヴァ書房，2017

第4章 保育所の乳児保育とその展開
－基本的な考え方とその内容・方法－

〈学習のポイント〉　①保育所の乳児保育への理解やその展開（内容・方法）について学ぼう。
　　　　　　　　　②乳児期は，親や身近な人との十分なアタッチメント（attachment）により，信頼関係を築いていく重要な時期であることを知ろう。
　　　　　　　　　③乳児保育の基本的な考え方や保育内容・方法をはじめ，乳児の健康・安全への認識や保護者との連携など保育所における乳児保育の実際を理解しよう。

1. 保育所の乳児保育の現状

1 乳児保育の現状

　現在，女性の社会進出に伴い，共働き家庭の増加や長時間労働という理由により，乳児という年齢の低い段階から保育所に預ける保護者が増えている。

　また，保育所の乳幼児の在籍数の割合は，0歳児は約1割（12％），1歳児は約3割（32％），2歳児は約4割（38％）である（2014〈平成26〉-2015〈平成27〉年）。（図4－1参照）

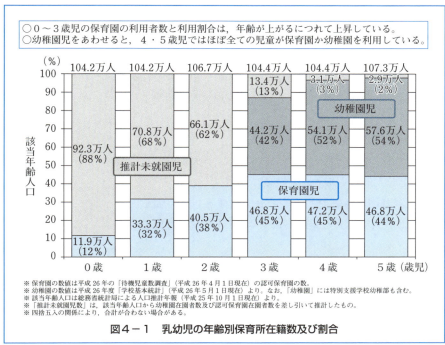

図4－1　乳幼児の年齢別保育所在籍数及び割合

資料）首相官邸ホームページ「平成28年度 関係省庁等からのヒアリング」より

さらに，保育所に入所したいができない待機児童数の推移を見ると，0歳から1，2歳児の乳児に多く，増加傾向にある。つまり，年々，保育所の乳児保育を希望する保護者が多くなっていることが，現在社会問題化している待機児童数の推移からもわかる。(図4－2参照)

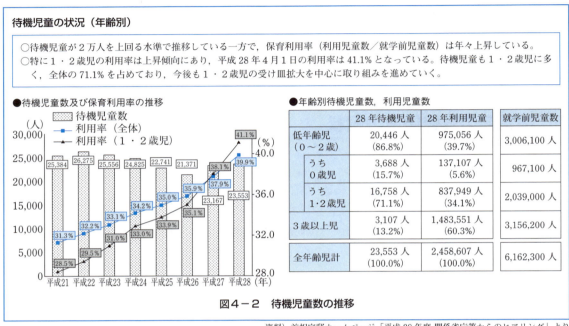

図4－2　待機児童数の推移

資料) 首相官邸ホームページ「平成28年度 関係省庁等からのヒアリング」より

　そうした仕事をもつ母親の増加や保護者からの多様なニーズが求められていることにより，少子化であるにもかかわらず，今後も乳幼児の保育所の利用がより多くなることが見込まれている。

(1) 乳児保育の意義と対象年齢，保育士の配置基準

　児童福祉法第4条によると，乳児を0歳児と規定しているが，乳児保育を行う保育所では0～2歳児を対象とした保育を指すことが多い。

　また，保育所の保育士の設置基準では乳児おおむね3人に1人以上，満1歳以上満3歳未満の幼児おおむね6人に1人と定められている(「児童福祉施設最低基準」第33条)。

　この0～2歳児という時期は，保育の原点ともいえる大切な時期である。特に，乳児期は身体的，精神的発達など，その後の人格形成に非常に重要な時期である。そのため，母親との相互関係[1]*をはじめ，身近な人や保育者が子どものその時々の気持ちを理解し，言葉かけを通して，コミュニケーションを多くとりながら，安心感や充足感が満たされるように接していくように心がけることが大切

*引用文献は章末にまとめた。

である。

（2）乳児保育の保育内容・方法，保育者の役割

　2018（平成30）年に改定・施行された「保育所保育指針」では，子どもの発達過程により，乳児，1歳以上3歳未満児，3歳以上児に分けられる。特に乳児保育の「ねらい」及び「内容」として，その発達特徴から①「健やかに伸び伸びと育つ」という身体的発達，②「身近な人と気持ちが通じ合う」という社会的発達，③「身近なものと関わり感性が育つ」という精神的発達など，3つの視点から構成されている。実際の保育では，乳児の特性からこの3つの視点に「養護における『生命の保持』及び『情緒の安定』」[2)]が一体となって展開されるよう留意すること，また1歳以上3歳未満児では，3つの視点に替わって，「健康」，「人間関係」，「環境」，「言葉」，「表現」の5つからなる「ねらい」及び「内容」と養護が一体となって展開されるよう示されている（「養護と教育」の一体化）。

　まず，身体的発達に関して，乳児は首がすわり，外部の物が目に入るようになると，寝返り，腹ばい（手足を動かして左右にくるくる回る），ハイハイ，お座り（転倒の危険防止のため体を支えるクッションを置く），ずり這い，四つ這い，高ばい（おしりを持ち上げる），つかまり立ち，伝い歩き，歩行へと，月齢ごとに成長・発達していく。保育者は子ども一人ひとりの成長・発達に合わせながら，その都度，言葉かけをしたり，適切な援助を行ったりする必要がある。また，その時期に合った遊びを通して促していくことが大切である。

例）　運動遊び：「おいでおいで遊び」「坂上り」「階段のぼり」「トンネルくぐり」
　　　　　　　　「ひとりであんよ」「園庭・園外散歩」など

　このように身体的発達は精神的発達や社会的発達にも大きく影響している。

　次に，社会的発達に関して，乳児は人の声や顔に反応することから，保育者や身近な人とのコミュニケーション（抱っこや子どもの視線の位置に合わせて笑顔で言葉かけするなど）を密にとることが大切になる。また，子どもの発する様々なメッセージにはその都度，言葉や表情で返すなど，相互の交渉が不可欠である。

例：子どもが怒る・泣く場合
　→保育者「これが嫌だったのね」「そんなに嫌だったのね」
　子どもの気持ちを理解しつつ，すぐにかなえることができない場合
　→保育者「○○したいのね。またあとでね」「ちょっと待っててね」
　子どもが喜んでいる・楽しんでいる場合
　→保育者「○○してうれしいね」「○○して楽しいね」「よかったね」など

乳児は，言葉で言い表すことがまだ十分ではないため，表情（微笑みや泣きなど）や声（発声や喃語など），指差しなどのしぐさで表すことが多い。そのため，保育者はそうした乳児の表情や動きなどからその時々の気持ちを汲み取り，乳児との「生命的応答」[3] を行うことが大切である。

　また，遊びを通してスキンシップをとりながら，子どもと保育者が一対一での信頼関係を築いていくことが重要である。例えば，以下にあるような遊びのうち，「いないないばあ」は，「見られること－見ること」という相互のやりとりからその後の人間的信頼性につながる「相互性の体験の源」[4] の遊びと考えられる。

例）手遊び：「ちょちちょちあわわ」「ゆらゆらとんとん」「まあるいたまご」「カイグリカイグリ」「あがり目さがり目」「むすんでひらいて」
　　スキンシップ遊び：「いないいないばあ」「こちょこちょ遊び」「たかいたかい」「足飛行機」「ギッコンバッタン」「まてまて遊び」「ベビーマッサージ」など

　また，生活をするなかで，保育者とともに過ごしながら，食事や排泄，睡眠などの生活習慣を少しずつ身につけていくことも重要なことである。

　このように，乳児期の子どもはその発達特性にあった遊びや保育者からの多様な言葉かけや一対一での丁寧な関わり方が，精神的発達に大きく影響する。

さらに，保育者の役割として次のような関わりが求められる。

事例4－1：子どもの気持ちを読み取るには？　―保育者同士の会話場面から―

　Hちゃん（8か月・女児）は離乳食の際，A保育者の「おいしいね。もぐもぐね。」という言葉かけに嬉しそうに反応し，機嫌良く食べていた。その後A保育者が「ミルク飲もうね」と言い，ミルクをもってくると泣いて嫌がり，なかなか飲もうとしなかった。その際，A保育者はそばにいたB保育者にその場で話しかけた。

A保育者　「離乳食は完食したけど，ミルクを見たとたん，泣いて嫌がってて。」とこれまでの様子を伝えた。

B保育者　「熱はある？　体調が悪いのかな？」とHちゃんの機嫌や体調について尋ねた。

A保育者　「今日の朝から熱はなくて，さっきまで機嫌よかったのに。眠いのかな？　食べた後，すぐ寝かせるのはよくないよね。オムツも濡れてない。どうしたのかな？」

B保育者　「ミルクが嫌なのかな？　今は飲みたくないのかも。ちょっと気分転換に散歩に行ってきたらどうかな？」と提案する。

　A保育者は他の保育者にも声をかけ，Hちゃんと一緒に園内をゆっくり散歩することにした。クラスへ戻り，授乳を促すと機嫌良く飲むことができた。

　事例4－1は，A保育者がB保育者との会話のなかで，「Hちゃんがなぜ泣いているのか？」という原因を考え，体調や機嫌，排泄が関係しているのかもしれ

ないと予測しながら話し合っていた。つまり，保育者同士のこうした話し合いがキーポイントとなり，散歩を通してHちゃんの気分転換を図ることで解決できたということである。また，A保育者はHちゃんに対し，マンツーマンで丁寧に関わることで，Hちゃんの気持ちを汲み取ろうとしていた。その際，B保育者の介入により，HちゃんとA保育者との関わりがより深められるようになった。

このように，乳児は機嫌や体調について泣く・笑うなどの感情を表すことはできるが，言葉で表すことがまだ十分でないため，保育者と子どもとの日頃のコミュニケーションやスキンシップなどの関わり合いを多くもち，信頼関係を築くことが非常に重要である。また，保育者はこうした乳児の成長・発達段階を理解し，子ども一人ひとりの機嫌や体調，様子をその都度把握しておく必要がある。

社会的発達に関して，保育所では保育者だけでなく，異年齢児との関わりや，栄養士，看護師，地域の人との交流など幅広く関わりをもつことができる。そのため，保育所内外での様々な関心や興味が広がるなかで，表情・身振り・言葉でのやりとりを通して，刺激を受け獲得していく。そうした環境設定をつくり出すことも保育者にとって，重要な役割の一つといえる。

(3) 乳児の保育指導計画

保育所では，子どもが健康で安全に過ごすことができるために，個々の成長・発達に応じて，保育指導計画を作成している。保育指導計画とは，各年齢の発達を見通して育てたいこと，その目標のための保育内容，季節・行事・地域の環境・園の指導体制も考慮に入れた保育計画のことである。主に年間指導計画（4月から3月までの1年間の計画），月間指導計画（月ごとの計画），週案（月の計画をもとにより具体的にしたもの・1週間の計画），日案（1日の計画）などの保育を行う上での指導計画である。保育所によっては，これらの指導計画を月齢ごとにより詳しく分類することもある（例：～6か月未満・6か月～1歳3か月未満など）。

特に，0歳児は成長・発達が異なり，個人差が大きいため，生活リズムや離乳食など個別に対応することが基本である。そのため，上記の指導計画の他に月ごとに個別の保育計画「個別表」または「個人表」，「個別計画表」（園により名称は異なる）というものがあり，記載内容として個々の生育歴や成長・発達に応じた保育内容や健康・安全・食育，保育者の援助と配慮，保護者支援などが挙げられる。また，日々の子どもの様子を詳細に記載する表（視診・触診・授乳の量や時間・離乳食の食べた量・睡眠時間・連絡事項等）がある。特に連絡帳記入時，保護者への連絡時，延長保育時での他の保育者への申し送りをするときに使用されることが多い。（表4－1参照）

表4−1 「個別表」日々の子どもの様子を詳細に記載する表の例

氏名＼様子	体温	視触診	授乳量・時間	離乳食の量・時間	睡眠時間	連絡事項
1．A	37.5℃	顔が赤い	120cc・11:30	完食・11:00	12:00-14:40	機嫌悪い・熱高め
2．B	36.7℃	異常なし	150cc・11:50	一口残し・11:20	12:20-13:30	吐乳（1回）

2 乳児の健康と安全への配慮

　保育内容のなかには，健康や安全についての記載がされている。保育所という場所は，成長・発達が著しい乳児期の子どもにとって心も体も落ち着いた場であることや安心でき心地よい場であることが望ましい。保育所での子どもの周囲を取り巻く環境として，例えば子ども同士，保育者との関わりなどの人的環境，保育所内外の遊具・用具などの物的環境，日頃子どもたちが生活する場や子どもが遊ぶ空間など空間的環境が挙げられる。一方で，家庭とは異なり，保育所は複数の保育者や子どもたちといった集団でともに過ごす環境にあるため，健康や安全についても十分配慮する必要がある。

(1) 健康管理

　まず健康についてである。登園時に子どもの様子や視診，触診，保護者からの要望などは，必ず「個別表」（表4−1参照）に記入するなど，子どもの体調をよく把握しておくことが重要である。乳児は身体的に未熟であるため，免疫力が低く，病気や感染症（例：インフルエンザ・ロタウィルス・ノロウィルスなど）にかかりやすい。そのため，保育者は日頃から，子どもの顔色（顔色が悪い）や機嫌（急に泣く・ぐずることが続く），表情，反応などの小さな変化を見逃さないようにすることである。また，室内の環境設定や身の回りのものは常に清潔にしておくこと，保育者自身もこまめに手洗いや消毒を行うなどの取り組みが必要である。

　また，保育所での行事として，月ごとに身長・体重測定を行ったり，内科検診・歯科検診を定期的に行うなどしている。そして，栄養士による栄養（食事）指導，保険師による保険指導なども行われている。

　そのなかで，特に深刻な問題の1つとして，乳幼児突然死症候群（SIDS）がある。乳幼児突然死症候群（以下，SIDS）とは，元気だった乳幼児がすやすや眠っている間，突然死亡してしまう症状である。発症は発生後7日から1歳未満の乳児に多く，死亡原因の第1位となっている。その原因はまだ解明されていないが，「うつぶせ寝」（対処：仰向けにすること。窒息事故予防のため），「温めすぎ」（対処：厚着や布団のかけすぎや暖房のしすぎに注意），「喫煙」（危険因子の

１つ）などをやめることでSIDS を減らすことができると言われている。また，その時々の子どもの表情や様子について「何かおかしい」という疑問を無視しないでその都度対応するように心がけることである（例：何をしてもなかなか寝られない，いつもと違うなど）。

表４－２　睡眠確認チェックシートの例

時間＼氏名	A	B	C	D
12：00	○			○
12：05	○	○		○
12：10	○	○	○	○
12：15	○	○	○	○
連絡事項	咳あり	眠り浅い	特になし	特になし

　SIDS を未然に防ぐため，保育所の乳児クラスでは，睡眠時に保育者が子ども一人ひとりの睡眠を確認するシート（園により名称は異なる。例：睡眠確認チェックシート）がある（表４－２参照）。その際，時間・睡眠時の呼吸の有無・心臓の動き・脈拍・顔色・体温などに十分気をつけてみるようにする。保育者は５分おきに子ども一人ひとりを触診し，確認する必要がある。また，よだれかけやタオル，玩具を持たせたまま寝かせないようにするなどの配慮も必要である。

　現在では，２歳児以上の子どもも SIDS の可能性があるため，十分気をつけて見ていくことも必要である。

　次に，最も深刻な社会的問題として，子どもへの虐待が挙げられる。虐待が見過ごされてしまい，小さな命を落とすという痛ましい事件が増えている。

　現在，仕事と育児を両立する保護者は多く，それぞれが子どもに対する悩みや不安を抱えている。そうした悩みを誰にも打ち明けられないまま，身体的にも精神的にも疲弊し，孤立してしまうことがある。その結果，育児に対するイライラや不安などが子どもへの虐待につながるケースが多く見られる。そのため，保育者の役割として，このような保護者に対して相談や話し合いによるケアに取り組むなど，積極的な保護者支援が求められている。

　また，保育所では，その時々の乳児の状況や状態（例：機嫌・表情などの健康状態・行動・子どもの発した声など）をこまめに観察できることから，視診や触診を通して虐待の兆候をつかむ糸口になる可能性が多い場である。そのため虐待をいち早く発見するためのチェックリスト[5]（柳沢1999）などを利用し，それに基づいて子どもや保護者の様子を把握したり，保育者同士での情報共有や深刻な場合は児童相談所や医療機関などの専門機関との連携を行ったりする必要がある。チェックリストは，以下のようなものである。

①子どもの状況（一部抜粋）

　ａ）傷に対する親の説明と矛盾する不自然な外傷（打撲・火傷など）が見られる。

　ｂ）衣服がいつも汚れ，皮膚（肌の異常・ひどいおむつかぶれ）に清潔感がな

い。

　c）語りかけに対しても表情が乏しい，笑わない／視線が合わない。

　d）おびえた泣き方，抱かれると異常に離れたがらず，不安な状態が続く。

　e）体重増加が不良。

②保護者の状況（一部抜粋）

　a）生活や気持ちにゆとりがない。イライラし，よく怒る。

　b）子どもの扱い方がハラハラするほどに乱暴である。

　c）表情がかたい／語りかけをしない。

　d）自分の思い通りにならないと，体罰を加えようとする。

　e）子どもの外傷などを問われた際，不自然な状況説明をする。

　f）連絡しても登園してこない。

　などである。

（2）乳児の安全への配慮と保育者の役割

　次に，乳児の安全への配慮については，保育者が事前に怪我や事故が起きないように，遊具の安全性の配慮等，周囲の環境づくりを設定することが重要である。

　特にヒヤリ・ハットについてであるが，ヒヤリ・ハットとは，「重大な事故や怪我には至らなかったものの，その一歩手前の発見」を意味し，その文字通り「突発的な事象やミスにヒヤリとし，ハッとした」[6]ことである。つまり，事故や怪我を未然に防ぐためには，保育者がそばにつき，その場の状況を迅速に察知し，すぐに対応することが重要となる。保育者は事前に把握しておくことで，防止することができる。例）誤飲や誤食（乳児は何でも口に入れてしまうため），転倒やけが（子どもの頭は大きく重いため，バランスを崩しやすい）のほか，食物アレルギー（食べ物によるアレルギーのある子どもは誤飲や誤食により，アナフィラキシー［anaphylaxis］ショック症状など）も重大な事故につながりやすいので，その知識と理解が必要となってくる。

　また，突発的な災害や事件，事故はあらかじめ予測することは困難であるため，保育所では，安全教育や月1回の避難訓練などが設けられている。例えば，保育所内外の突発的な災害や事件，事故などを想定した様々な訓練（例：散歩時の事件や事故を想定した訓練・保育所内外の不審者への対応など）が挙げられる。そのなかで，保育者同士がそれぞれの避難方法・避難経路・避難場所を随時確認し，把握するようにする。また，日頃から子ども一人ひとりの成長・発達段階や特徴をよく把握し，とっさの場合に備えた対処方法も保育者同士で話し合いをするなどの対策が必要である。

4章　保育所の乳児保育とその展開－基本的な考え方とその内容・方法－

事例4－2：災害時の保育者同士によるチームワークの大切さ

　地震発生前，乳児クラスは午睡をしている子，離乳食を食べている子，起床して保育者と玩具で遊んでいる子などがいた。また，おやつを用意する保育者や，午後の活動の準備や環境設定を行う保育者，子どもと一緒にいる保育者とそれぞれの役割について，行動していた。

　突然，部屋が揺れ始め，一人の保育者の「地震！」という一声に，大きな柱のある場所に子ども全員を集め，その周りを保育者全員が取り囲みながら，その場にあったバスタオルや布団を子どもたちにかけ，「大丈夫よ」と声をかけていた。少し揺れがおさまり，2人の保育者が立ち上がり，「準備してきます」との声かけで，保育者の一人は電気を消し，窓やドアを開けに行き，もう一人の保育者は非常用のリュックや子ども用の防災ずきんと保育者用のヘルメットの用意を行っていた。再び，揺れ始め，揺れている間に子どもたちには防災ずきんをかぶせ，保育者自身もヘルメットや頭を守る物（クッションやバスタオルなど）をかぶり，その都度「大丈夫よ，じっとしていようね。」と声をかけていた。その後，ようやく揺れがおさまり，保育者の一人が「園庭に行きましょう」と言い，子どもたちに靴を履かせ，保育者の誘導で園庭にスムーズに全員避難することができた。

　この事例では，保育者の「地震」という一言で，保育者一人ひとりが，「次に何をするべきか？」「どうしたらよいのか？」を即座に考え，機敏に行動していた。このように，突発的なことであるにもかかわらず，保育者と子どもがスムーズに行動できたのは，これまでの避難訓練時の知識以外に，日頃保育者同士がささいなことでも声をかけあったり，話し合いが十分になされたり，チームワークができていたからである。

　乳児クラスは複数の保育者がいるため，子ども一人ひとりに目が行き届きやすい。特に乳児は，まだ歩行が難しい子どももいるため，とっさの場合は，抱っこやおんぶをすることがある。そうしたとっさの場合を予測して，行動することも保育者には大切なことであり，そのためには，日頃の保育者同士での役割分担について話し合うことや周りを見ながら保育者自身がすぐに行動できるように心がけることも重要である。

3　乳児保育における保護者との連携

　保育者は子どもとの関わりだけでなく，保護者との関わりも重要である。特に，乳児は他の年齢に比べ個別対応をするなど配慮するべき点が多いため，保護者との連携が必要不可欠となる。

　「保育所保育指針」（2018〈平成30〉年改定・施行）には，「第2章保育の内容(3)保育の実施に関わる配慮事項　エ　保護者との信頼関係を築きながら保育を進めるとともに，保護者からの相談に応じ，保護者への支援に努めていくこと」[7]

47

と示されている。

　つまり，保育者と保護者がともに子どもの成長・発達を見守っていくためには，保育者と保護者との連携が非常に重要となる。保育所では，そうした保育者と保護者のコミュニケーションを図るために，家庭と保育所での日常の子どもの様子を記載し，やりとりを行う連絡帳や送迎時の口頭での話し合いなどの機会を活用している。登園時には，保護者に対して，子どもの健康状態や連絡事項を聞き，降園時には，園での子どもの様子やささいなことでも伝えるようにするなど，家庭と園での様子について情報共有を図っている。また，保護者が育児の悩みがあり，個人面談を希望する場合や，保育者が保護者に対して話し合う必要があると判断した場合などは保育室や面談室，その他の場所を利用し，話し合いの機会を設定している。こうした日頃のコミュニケーションを図りながら，保育者は保護者との信頼関係を築いていくよう努める必要がある。

　そうした保育者と保護者との個人間でのやりとり以外にも，保護者会（複数の保護者と保育者との話し合い）や保育参観（保育所での子どもの様子を観察する）など他の保護者との関わりを通して，コミュニケーションを深めていく場も設定されている。ここで注意するべき点は，保育者は保護者との信頼関係の上で成り立っているため，保護者の相談を外部に漏らすことは決してしないなど，保護者のプライバシーの保護や守秘義務は守るということである。

　このように，保育所保育では，子どもの成長・発達を見守るなかで，保護者一人ひとりの不安や悩みに寄り添うことが重要となる。その手段として，保育者は連絡帳や送迎時の会話，面談などを通して，子どもと保護者に寄り添いながら，子どもの成長・発達を見守っている。

事例4－3：保護者の悩みに寄り添う―日頃のコミュニケーションを大切に―

　K君（10か月・男児）の保護者から，「寝るときはすんなり寝てくれますが，その後何度も起きては泣いてぐずります。ここ最近，続いているので本当に困っています。」と連絡帳に書かれていた。この連絡帳を見た保育者は，他の保育者と相談し合い，園での様子や園で実践していることについて，保護者が負担のかからない程度にアドバイスを記入するということになった。

　保育者からは，「お母さんも大変でしたね。K君，やっと園の生活リズムに慣れてきたこともあり，少し疲れが出ているのかもしれません。今日園では，日中眠くてぐずることもなく，たくさん食べ，よく寝ていました。日光浴をしたり，少し体を動かすようにしたりすると，夜ぐっすり眠れるかもしれません。園でも，適度に休憩を取りながら，体調に気をつけて，様子を見ていきたいと思います。」と書かれていた。その後，お迎え時に，保育者から園でのK君の様子を伝え，保護者からの悩みを聞きながら，話し合いがなされていた。

この事例では，保護者の育児による悩みについて，保育者が連絡帳と送迎時の会話を通して，保護者の悩みに寄り添う姿が見られる。保育者は連絡帳だけでなく，日頃の園での様子を伝え，家庭での様子を聞きながら，話し合いを行っていた。保育者と保護者とのやりとりのなかで，保護者の負担の少ない範囲での助言も少し含まれていることから，一方的に助言をするのではなく，保護者の立場に立って考えることや保護者の気持ちを受け止め，耳を傾けることが重要である。このように，日頃の保育者と保護者とのコミュニケーションを通して，信頼関係が築かれているということが理解される。

　以上のように，この4章では乳児保育の基本となる考え方をはじめ，保育内容や方法，保育者の役割，子どもとの信頼関係の必要性，保護者との連携などを中心に取り上げてきた。乳児期という人格形成が築かれる最も重要な時期に，保育者は乳児の発達特性を理解し，一人ひとりと丁寧に関わり，スキンシップをとりながら，乳児との信頼関係を築いていけるよう，保育活動全体を通してその役割を果たすことが期待されている。

【引用文献】

1）J.ボウルビィ（John Bowlby）『母子関係の理論I 愛着行動』岩崎学術出版社，1969
2）厚生労働省『改定 保育所保育指針』p.13，フレーベル館，2018
3）津守真『子どもの世界をどうみるか 行為とその意味』（NHKブックス）p.123，2005
4）津守真「人間の基本的体験と障害をもつ子どもの成長」『日本総合愛育研究所紀要』（第20集）p.346，日本総合愛育研究所，1984
5）柳沢正義『改訂 子ども虐待―その発見と初期対応』pp.34〜35，母子衛生研究会，1999
6）須永真理「子どもの生活・安全と施設・設備」『幼稚園・小学校教育実習―学びの連続性を通して―』（中田範子，齊藤義雄編）pp.41〜42，大学図書出版，2018
7）厚生労働省『改定 保育所保育指針』p.16，フレーベル館，2018

【資料】

0歳児の日課表（デイリープログラム）の例
保育所での登園から降園まで過ごす1日の生活を時間に沿って表にしたもの。

0歳児デイリープログラム

時間	子どもの活動	保育者の行動
7:00 8:00	○順次登園 ○検温・視触診	・保護者から昨夜の様子と今日の朝の様子を聞く。 ・検温し，視診（顔色，表情，機嫌など）や触診を行い，体調の把握をする。 ※前日体調を崩し，欠席した場合や熱があった場合は，検温し，こまめに体調確認をする。 →（前日の延長保育時の内容について，保育者同士で引き継ぎをしっかりと行う。） ※体調が悪い場合や緊急事態が起こった場合，保護者へ連絡することがある。緊急連絡先が異なる場合は，ちゃんとつながる連絡先をしっかり聞いておく。 ・クラスの担任同士で，子ども一人ひとりについての連絡事項を伝え合い，共通理解を図る。
	○自由遊び	・玩具や遊具で安全に遊べるように注意して見るように心がける。また，つかまり立ちなど，歩行の難しい時期はそばに倒れやすい物は置かないようにする。何でも口に入れてしまうので，目を離さず，保育にあたる。
9:00	○おやつ ○排泄	・子どもの手の届く所に，熱い食べ物や飲み物は絶対に置かないようにする。 ・テーブルの上や椅子に立ち上らせないように十分気をつけるようにする。 ・食べるときは，そばについて楽しんで食べられるように言葉かけをする。 ・おやつ後，速やかに掃除をし，きれいにする。（床の食べこぼしに気をつける） ・おむつ交換時は，必ず両足を揃えるようにやさしく持ち上げる。（低月齢児は腰を支える） ・「気持ちいいね」や「きれいになったね」と言いながら，清潔感を感じられるようにする。
10:00	○主な活動	・室内や園庭での遊びをする際は，それぞれの配慮点に気をつけて，安全に遊べるように目を配るようにする。 ・階段に転落防止の柵を使用する。（玄関など段差のある所からの落下に注意。） ・事前に玩具・遊具の配置を工夫し，故障，破損がないか，十分確認し，整備点検する。 ・口のなかに物を入れたまま，歩かないように気をつけてみるようにする。 ・個々の健康状態や，室内外の温度に合わせて着替えをするなど，衣服調整する。（汗をふく・沐浴など）
11:00	○排泄	・おまるに座る場合，ひっくり返ったり，転倒しないように，常にそばにつくようにする。 ・おむつが尿や便で汚れた場合，濡れた布などできれいに拭き取り，清潔にする。
12:00	○食事 （離乳食・授乳） ○排泄・着替え	・のどに詰まらせないように，食べ物の大きさに気をつける。 ・手づかみでも食べられるように，自分から食べる意欲を引き出せるような言葉かけをする。 ・椅子から転倒しないように気をつける。（椅子・テーブルの角にぶつけないようにする。） ・食事中は，「もぐもぐね」「おいしいね」と言葉かけしながら，楽しんで食べられるようにする。 ・授乳中は，「おいしいね」と優しく言葉かけをして，安心して飲めるようにする。 ・授乳後は，確実に排気させるようにする。（排気しない場合は，窒息や吐乳することがあるため，十分注意する。） ・食器の片づけを速やかに行い，テーブルや椅子，テーブルの下などの掃除や消毒を行う。 ・排泄後，食べこぼしなどで汚れた服からきれいな服へ着替え，清潔にする。
13:00 14:00	○お昼寝	・抱っこや布団でトントンするなど，安心して眠れるように個々に合った寝かしつけを行う。 ・オルゴールや保育者の子守歌を聞きながら，ゆっくり安心して眠れるようにする。 ・うつぶせ寝はさせない。（仰向けにすること。よだれかけやタオル，玩具などは引き離すようにする。） ・布団による窒息がおきないように，布団のかけ方に気をつける。 ・室内の照明，湿度・温度など適度に保つことができるようにする。 ・昼寝中は，目を離さないようにし，保育者が交替で異常がないかを確認する。（睡眠確認チェックシート記入） ・常に子どもの状態がわかるようなベッドの位置，布団の位置に留意する。 ・保育室内の玩具類など，常に消毒をし，清潔にしておく。
	○検温・排泄 着替え	・寝汗をかいた場合は，あせもや湿疹の原因にもなるので，タオルできれいに拭きとり，着替えを行う。 ・水分補給を多くとるようにする。
15:00	○おやつ	・のどに詰まらせないようにゆっくりと食べるように，「もぐもぐね」「おいしいね」などそばにつき言葉かけをする。 ・おやつ後，掃除をし，きれいにする。
16:00	○自由遊び	・玩具で安全に遊べるようにそばで見守るようにする。 ・物を投げることがあるので，けがをしないように気をつけてみるようにする。
17:00	○順次降園	※お迎えの人が変わる場合は，あらかじめ連絡帳や電話など事前に連絡をもらい，確認しておく。 （不確かな場合は，必ず保護者に確認する） ・1日の体調の様子やけがなどを把握し，保護者へしっかりと伝達する。
18:00 19:00 20:00	○延長保育 保育終了 （保育時間外）	・クラス保育終了後にケガや病気が生じた場合，延長保育担当は，管理職と連絡をとり，速やかに対処し，必ずクラス担当の保育者に伝える。 ・次の日以降の準備を行う。保育室内や玩具類などを消毒し，清潔にしておく。（片づけ，室内環境を整える。）

第**5**章

医療・看護における乳児への対応と看護

〈学習のポイント〉 ①子どもの特徴として，ケガを負ったり病気になりやすく，また悪化もしやすい
ことを理解しよう。
②集団生活している保育所では感染が広がりやすいため，感染症対策について学
ぼう。
③保護者と保育者が連携・協働して，家庭や保育所での情報を共有しながら，子
どもの育ちを見守ることの大切を理解しよう。

1. 健康状態の把握

　乳児期は人生のなかで最も成長発達する時期であり，将来に向けての心身の基
礎づくりの時期でもある。特に乳児は，病気に対する免疫力や抵抗力が弱く，心
身の機能の未熟さに伴い，病気に罹りやすく成人と比べて病気の経過が早く悪化
しやすい。自分で健康を維持することも心身の不調を言葉で表すこともできない
ため，保育に携わる者は，発育・発達の状態に応じて子どもが健康で安全に育つ
ことに細心の注意を払わなければならない。

　そのためには，日々の保育のなかで子どもの健康状態を把握し，保護者と保育
者が連携・協働して，家庭や保育所での情報を共有しながら，子どもの育ちを見
守ることが大切である。

⊡ 入園前の健康調査

　入園前の健康状態や家庭での生活状況，発育・発達に関する個々の健康状態を
把握する。母子手帳の成長曲線もコピーし添付してもらう。（表5−1参照）

⊡ 登園時や保育中の健康観察*

　子どもの健康管理の基本は，「いつもと違う状態」に気づくことである。その
ためには，「いつもの状態」を把握しておくことが大切であり，毎日登園時に行
う健康観察は，病気の異変や病気の早期発見，その日の保育を考えるにあたり重
要となる。保護者と朝の挨拶をかわしながら，子どもの全身状態を観察し家庭内
での様子を聞きとる。家庭での様子は健康状態の情報源として大切であり，連絡
帳を活用しながら健康状態を把握する。保育中は，常に子どものようすに気を配
り，変化や異常が見られた場合，適切な対応ができるようにしておく。

*次ページの注参照。

表5-1　入園時健康調査票

記載日	園児氏名		性別	生年月日	
年　月　日	○○○○　（第　子）		男・女	年　月　日（　歳　か月）	
妊娠中・分娩時の状況	妊娠中：異常　無・有（つわり・切迫流早産・貧血・妊娠高血圧症候群） 妊娠期間：　　　週で出産 分娩時：異常無・有（誘発・吸引・帝王切開・その他　　　　　　）				
出生時の状況	体重（　　g）身長（　　cm）頭囲（　　cm）胸囲（　　cm） 異常　無・有（仮死・チアノーゼ・ひきつけ・重症黄疸・保育器収容・ 　　　　　光線療法・その他　　　　　　）				
入院したこと	無・有（　歳　か月）傷病名（　　　　　　　　　　　　） 医療機関名（　　　　　　　　）主治医（　　　　　　　） 現在の状況（　　治療を続けている　　続けていない　　） 通院の状況（年　回，月　回，週　回，不定期　　　　）				
現在の治療及び通院状況	無・有（　歳　か月）傷病名（　　　　　　　　　　　　） 医療機関名（　　　　　　　　）主治医（　　　　　　　） 現在の状況（　　　　　　　　　　　　　　　　　　　　） 通院の状況（年　回，月　回，週　回，不定期　　　　） 服薬中の薬：（薬名　　　　　　　　　　　　　　　　　） 保育中，必要な配慮				
次の健診を受けましたか	□1か月　　　□3～4か月　　□6～7か月 □9～10か月　□1歳6か月　　□3歳 健診で指導受けたこと（　　　　　　　　　　　　）				
予防接種	□ジフテリア・百日咳・破傷風混合　□BCG　　　　□ポリオ □麻疹・風疹混合　　□日本脳炎　□ロタウイルス　□水痘 □おたふくかぜ　　　□Hib　　　□肺炎球菌　　　□その他				
アレルギー	無・有（内容　　　　　　　　　　　　　　　　）				
発育	□首すわり　□お座り　□ハイハイ　□つかまり立ち　□ひとり歩き				
言葉	□まだ話せない　□赤ちゃん言葉で話す　□話すことができる				
食事	□母乳栄養　□ミルク　□混合栄養　□離乳食　□幼児食				
排泄	□おむつ　　□自分ではできないが知らせる　□自分でできる				
着脱衣	□自分でできない　□自分でできる □少しできる（状況　　　　　　　　　　　　）				
身体障害手帳	無・有				
療育手帳	無・有				
その他心配なことなど					

資料）筆者作成

＊機嫌：不機嫌でむずかる／いつもよりよく泣く

活発さ：いつもより元気がない／やたら動きまわる

顔・表情：顔色が悪い／ぼんやりしている

眼：目やにがある／目が赤い／まぶたが腫れぼったい／まぶしがる／なみだ目である

耳：耳だれがある／痛がる／耳をさわる

鼻：鼻水・鼻詰まりがある／くしゃみがある／息づかいが荒い

口：唇の色が悪い／唇・口の中に痛みがある／舌が赤い／荒れている

喉：痛がる／赤くなっている／声がかれている／咳が出る

胸：呼吸が苦しそう／咳・喘鳴がある／咳で吐く

皮膚：赤く腫れている／ポツポツと湿疹がある／カサカサがある／水疱・化膿・出血がある／虫刺されで赤く腫れている

お腹：張っていて触ると痛がる／股の付け根が腫れている

睡眠：泣いて目がさめる／目覚めが悪く機嫌が悪い

食欲：普段より食欲がない

便：量・色・固さ・回数・臭い，下痢・便秘など，いつもと違う

尿：回数・量・色・臭いがいつもと違う／血尿が出る

厚生労働省「保育所における感染症対策ガイドライン　2018年度改訂版」子どもの症状を見るポイントより改変

3 症状から考えられる疾病

機嫌：尿路感染症，細菌性髄膜炎，中耳炎など	
顔・表情：発熱，小発作型てんかんなど	
眼：逆さまつげ（睫毛内反），アレルギー性結膜炎，結膜感染症，麦粒腫，化膿性霰粒腫，新生児涙嚢症，流行性角結膜炎，咽頭結膜熱，急性出血性結膜炎など ※視線がそろわない，片眼をつぶる，目を細める，眉間にしわを寄せる，横目使い，上目使い，首をかしげる，瞬きが多い，頭を振りながら物を見るなどの症状にも注意が必要である。	
耳：中耳炎，流行性耳下腺炎など	
鼻：アレルギー性鼻炎，急性鼻炎，副鼻腔炎，風邪など	
口：アフタ性口内炎，口角炎，鵞口瘡，麻疹，川崎病，手足口病，ヘルペスなど	
喉：咽頭炎，扁桃炎，ヘルパンギーナ，溶連菌感染症，プール熱など	
胸：気管支拡張症，気管支喘息，肺炎，気管支遺物，外傷など	
皮膚：乳児湿疹，突発性発疹，溶連菌感染症，川崎病，手足口病など	
お腹：腸重積，虫垂炎，腸閉塞，ヘルニア嵌頓，胃腸炎など	
睡眠：睡眠リズムの乱れ，発熱・咳嗽・鼻閉・湿疹などの体調不良，寝ぐずりなど	
便：赤痢，潰瘍性大腸炎，腸重積，先天性胆管拡張症，ロタウイルス感染症など	
尿：性糸球体腎炎，ネフローゼ症候群，尿路感染症など	

2．乳児期に多い症状

1 発熱

　発熱は，最も起こりやすい症状である。ほとんどが細菌やウイルスの感染に対する体の防衛反応であるが，乳幼児は体温調節が未熟なことと新陳代謝が活発なため，環境の影響を受けて発熱（うつ熱）することもある。

　検温をする際は，環境により容易に変動することも考慮しながら，全身状態を観察し総合的に判断する必要がある。

（1）観察

①発熱の状態：平熱から1℃以上体温が高いときは，発熱と考える。

②全身状態：機嫌，食欲，下痢，発疹，咳，鼻水など。

③環境：部屋の温度，衣服の着すぎ，哺乳や食事直後，泣いた後など。

（2）看護

　発熱の場合，感染症の疑いも考慮し，他の園児から隔離して看護すること。

①安静にする

　・体力の消耗を防ぐため，部屋の温度に注意しながら静かに休ませる。

　・元気があって嫌がるときには，無理に冷やしたり寝かせたりせず静かに遊ば

せる。

・乳児の場合は，抱っこをしたほうが落ち着くときがある。

②水分と栄養補給

・脱水症を起こしやすいので，様子を見ながら少量ずつ頻回に，水分（湯ざまし，番茶，小児用イオン飲料など）を十分に与える。脱水の程度により，経口補水液（ORS）を与える。

・食欲がある場合，消化の良いものを食べさせる。

③身体の状態に応じての対応

・熱の上がりはじめは，悪寒や手足が冷たくなる場合がある。痙攣に気をつけながら保温をする。

・身体が熱くなったり暑がったりする場合は，保温をやめて薄着に着替えて涼しくする。

(3) 注意事項

①熱性けいれんの既往がある子どもや主治医からの指示がある場合のみ解熱剤を使用する。

②発熱とともに，意識障害，呼吸困難，頭痛，けいれんを伴うときには，保護者に連絡したうえ救急車を呼ぶ。保護者が間に合わない場合には，病院まで保育者が付き添う。

2 咳

　咳は，気道が気温の変化や埃，その他の異物などで気道が刺激されたときに出る。咳は異物を身体の外に出し，気道に付いた細菌やウイルス，痰などの分泌物を排出させるものである。異物や誤飲による咳もある。

(1) 観察

①咳の種類：

　乾性咳…乾いた咳でコンコンと痰を伴わない咳，咽頭炎や喉頭炎などで見られる。

　湿性咳…湿った咳で痰が出る。ゼイゼイという咳で喘鳴を伴うときがある。気管支炎，喘息，肺炎などで見られる。

　咳込み…激しい咳で顔面紅潮となりチアノーゼを来すことがある。百日咳では，咳込んだあと「ヒュー」と息を吸い込む特有の咳がある。

　犬吠様咳…ケンケンと犬が鳴くような咳で喉頭炎のときに見られ，クループ症候群と呼ばれる。

　その他…ヒューヒューした咳は，RSウイルス感染や喘息発作のときに見られる。

5章　医療・看護における乳児への対応と看護

②他の症状：発熱，呼吸困難，チアノーゼ，喘鳴，痰，胸の痛み，機嫌，食欲，
　　　　　睡眠状態など

(2) 看護

①楽な体位をとらせる。

　上体を起こし，前かがみの姿勢にさせて背中を，さすったりタッピングを行ったりする。乳児の場合は，縦抱きにして行う。

②咳が落ち着いたら，水分を補給する。

　痰や分泌物を出しやすくすることと喉の痛みを緩和する。

③安静にして室内の環境を整える。

　部屋の換気や室温，湿度に気をつける。乾燥に注意し加湿する。

(3) 注意事項

①突然の咳き込み，呼吸困難，チアノーゼなどのときは，異物が喉に詰まっていないか確認し救急車を呼ぶ。

②犬吠様咳，喘鳴，ヒューヒューした咳で苦しそうなときは，悪化する前に受診を勧める。

3 嘔吐

　乳児の胃の形は，湾曲が少なく円筒形に近く，噴門部が未発達のため嘔吐しやすい。乳幼児の嘔吐の主な原因は，消化器疾患によるものが中心であるが，ときに髄膜炎や脳腫瘍，めまいや頭部外傷，心因性のものなどで起こることがある。

◎やってみよう
嘔吐物や下痢の処置をするときの，安全なマスクや手袋の取り扱い。

(1) 観察

①嘔吐の状況：回数，量，口からダラダラと流れる，一気に吐く，噴水の様に吐く。

②嘔吐の内容：色（赤色，黒色，黄色），食べ物，痰，乳汁，臭い。

③嘔吐の状況：頭を打った，哺乳後，食事後，興奮した，泣きすぎ，咳き込み，元気がないなど。

④他の症状：発熱，頭痛，下痢，けいれん，機嫌，顔色，食欲など。

(2) 看護

①吐きやすい姿勢にして吐かせる。

②吐いた後，口に吐物が残っていれば取り除く。

③声をかけて，子どもを落ち着かせる。

④うがいができるようであれば，うがいをさせる。できない場合は，ぬらしたガーゼなどで口のまわりを拭く。

⑤衣服が汚れた場合には，落ち着いてから着替えさせる。

⑥吐物は，内容を観察したのち早く片づける。医師の判断を必要とする場合，ビ

55

ニール袋に入れるなどして保管する。

⑦嘔吐の後は，横向きにして寝かせる。次に嘔吐したときに，嘔吐物が気管に入らないようにする。

(3) 注意事項

①頭を強く打った後の嘔吐や意識がない場合は，救急車を呼ぶ。

②嘔吐を繰り返すときや顔色が悪い，元気がない，ぐったりしている，脱水症状（口唇や舌の乾燥，尿量の減少など）が疑われる場合，発熱，頭痛，腹痛，下痢などの症状が見られた場合は，受診を勧める。

③嘔吐物には，多量の病原体が含まれていることが考えられるため，マスク，使い捨てエプロンや手袋を着用し，次亜塩素酸ナトリウムを用いた処置を行う。

4 下痢

食べ物の水分や栄養が腸で十分吸収されず，便の状態が泥状，水様に柔らかくなったものをいう。下痢は腸の蠕動運動の亢進や吸収障害，腸粘膜からの分泌亢進による。

(1) 観察

①便の性状：柔らかさ…軟便，泥状便，水様便。色…淡黄色，黄色，黒色，赤色，白色。混入…顆粒，粘液，血液，膿など。また，回数，排便間隔，臭い。

②他の症状：発熱，嘔吐，腹痛，機嫌，食欲，脱水症状（口唇や舌の乾燥，尿量の減少など）。

(2) 看護

①脱水を予防するために，様子を見ながら少量ずつ頻回に，水分（湯さまし，番茶，小児用イオン飲料など）を十分に与える。脱水の程度により，経口補水液（ORS）を与える。激しい下痢のときは，腸管を休ませるために一時食事を休ませる場合がある。

②食事を再開するときは，消化の良いものを与える。

③肛門の周囲を清潔にする。乳児は特に肛門周囲がただれやすいので，シャワーで洗い，清潔にする。

④感染性の病気を考えて，便の処理は注意する。便を処理した後は，手袋をしていても手洗いをする。日ごろから手洗いを十分行う。（便中には感染源となる細菌やウイルスが常在している可能性がある。）

(3) 注意事項

①血便が出る，腹痛が強い，何回も吐くなどの場合はすぐ受診する。

②血便や粘液便，黒い便，水様便が頻回に見られたときは受診を勧める。受診する場合，便がついたオムツをビニール袋に入れて持参する。

③下痢には，多量の病原体が含まれていることが考えられるため，マスク，使い
捨てエプロンや手袋を着用し，次亜塩素酸ナトリウムを用いた処置を行う。

5 脱水

　身体は，食事や飲み物から体内に入る水分と，尿や便，汗，呼吸などの不化蒸
泄によって水分を排泄したりすることにより，体内の水分バランスを保ってい
る。摂取する水分量が不足すると，体内から水分や電解質が失われ脱水を起こし
やすくなる。ときに乳幼児は，腎臓の機能が未熟で，自分で水分摂取ができない
ため脱水症状を起こしやすく急激に状態が悪化することもある。発熱，下痢，嘔
吐，気温や室温が高い場合，運動後などに脱水に陥りやすい。

(1) 観察
①脱水の状況：口唇や下の乾燥，尿量の減少，皮膚の乾燥や弾力低下，目の周り
　がくぼむ，手足の冷感，大泉門の陥没，活気がない，チアノーゼ，意識障害，
　泣いても涙が出ない。
②他の症状：発熱，下痢，嘔吐，機嫌。
③環境：気温，湿度，室温，運動後。

(2) 看護
①湯さまし，番茶，小児用イオン飲料，経口補水液（ORS）などを少量ずつ頻
　回に水分補給をする。

(3) 注意事項
①発熱，下痢，嘔吐などで水分が摂れないときは，早めに受診する。
②チアノーゼ，意識障害，けいれんがある場合は，生命に危険がおよぶことがあ
　るので救急車を呼ぶ。

6 けいれん

　けいれんは，何らかの原因により脳の神経細胞が興奮状態になり，その結果，
全身または身体の一部の筋肉が不随意（自分の意志と関係なく）に，発作的に収
縮することである。ひきつけと一般的には表現され，脳の発達の未熟や代謝の異
常などで，成人と比較して乳幼児は，けいれんを起こす頻度が高い。乳幼児は熱
性けいれんが多く，てんかん，脳炎や髄膜炎のような極めて重症なものまであ
る。

(1) 観察
①けいれんの状況：目の位置，四肢の左右差，意識の変化，けいれん直後の状
　態，麻痺の有無，持続時間，呼吸。
②けいれん前後の状況：発熱，下痢，睡眠，食事，外傷。

③誘因となる状況：驚愕，啼泣，光，音，入浴，薬。

(2) 看護

①けいれんの状況をよく観察し記録する。

②顔を横向きにして（吐物を誤飲しないように）寝かせ，衣服をゆるめる

③静かな環境にし，音や光などの刺激を与えないようにする。

(3) 注意事項

ア　あわてて身体を揺さぶったり抱き上げたりしない。

イ　大声で名前を呼びかけない。

ウ　口の中に割り箸やタオルなどを入れない（タオルなどにより，舌を奥に押し込み窒息させてしまう）。

エ　救急車を手配するとき

　・けいれんが5分以上継続している。

　・頭や背中を打った後に，けいれんが起こった。

　・けいれんが治まっても意識がもどらない。

　・けいれんが一度治まった後もけいれんを繰り返す。

7　発疹

　子どもの皮膚は大人と比較して薄く，皮膚がもつバリア機能が未熟なため，肌のトラブルが多い。発疹は皮膚や粘膜にでき，種類により形状が異なる。病気によっては似たような発疹が見られるため，正しい対応が必要となる。

(1) 観察

①発疹の種類：斑，丘疹，膨疹，水疱，膿疱

②発疹の状態：発生部位（部分，全身など），発生時期，色，形，大きさ種類，痒みなど。

③他の症状：発熱，咳，機嫌，食欲，睡眠状態。

(2) 看護

①発疹の症状及び随伴症状を観察する。

②感染症が疑われるときは，別室で保育する。

③発疹部位に痒みがあるときは，冷たいタオルや保冷剤などで冷やして様子を見る。

④体温の上昇や発汗により痒みが増すため，室温や湿度の調節を行う。

(3) 注意事項

　急に発疹が出て，急に咳き込む，呼吸困難になる，顔色が悪いなど症状が出た場合は，アナフィラキシー・ショックの疑いがあるので，救急車を要請する。

◎調べよう！
母子健康手帳に何が書かれているか調べてみよう。
健康診断の記録，予防接種の記録，…

3. 乳児期の病気と対策

　子どもの病気は，出生前の要因（遺伝子，染色体異常，子宮内の要因など）に基づく病気や発育の時期によって発現する病気以外に，ウイルスや細菌などの感染によるものが多い。

　感染症とはウイルスや細菌などといった病原体が身体に入って増殖し，なんらかの症状を発症した状態をいう。感染症が発生するには，「**病原体**」，「**感染経路**」，「**感受性宿主**」の三大要因がある。「**病原体**」とは，感染症の原因であり，ウイルスや細菌などに感染した人や動物の血液，排泄物，嘔吐物などから感染する。「**感染経路**」とは，病原体を体内に運ぶ道筋であり，飛沫感染や空気感染，経口感染，接触感染などがある。「**感受性宿主**」とは，感染する人の感染しやすさを示す。

　乳幼児期の感染症の場合は，これらに加えて宿主である乳幼児は，免疫や抵抗力がないため病気にかかりやすく，大人と比べて症状の経過が早いという特徴がある。

　子どもの命と健康を守る保育所において，全職員が感染症成立の三大要因及び潜伏期間や症状について熟知することが必要であり，日ごろの手洗いやうがいといった衛生管理や感染予防のための体力の向上，抵抗力（免疫力）の増強が重要となってくる。また，保育者自身の健康管理にも，気を配る必要がある。
子どもに感染症の疑いがある場合，必要に応じて嘱託医，市町村，保健所に連絡し，その指示に従う。保護者へ連絡するとともに，対策および予防については全職員で対応する。感染症の種類や出席停止期間の基準*，出席停止の数え方などは，ガイドライン（厚生労働省「保育所における感染症対策ガイドライン」）で確認しておく。

　保育所での感染対策のめやすは，学校保健安全法施行規則第18条における感染症の種類**に準じて行われている。

　感染症を予防し，蔓延させないためにも，保育所入所前に受けられる予防接種を，できるだけ済ませておくことが大事である。また，感染症が発生したときに迅速な対応につなげることが可能となるので，子どもの予防接種状況を把握し，年齢に応じた計画的な接種を保護者に勧奨する。

　予防接種の制度は，大きく分けて予防接種法に基づき市区町村が実施する定期接種と，予防接種法に基づかず対象者の希望により行う任意接種がある。

　予防接種は，効果を高めるためや安全性のため，ワクチンの種類で接種間隔が定められている。乳幼児期から受けられる予防接種が増えて，接種スケジュールが過密になってきていることもふまえ，接種間隔期間を考慮して計画的に接種す

＊学校保健安全法施行規則第19条における出席停止の期間の基準：
第一種　治癒するまで
第二種（結核，髄膜炎，菌性髄膜炎除く）（ただし，病状により学校医その他の医師において感染のおそれがないと認めたときは，この限りでない）
・インフルエンザ（鳥インフルエンザ（H5N1）を除く）発症した後5日を経過し，かつ，解熱した後2日（幼児にあっては3日）を経過するまで
・百日咳　特有の咳が消失するまで又は5日間の適正な抗菌性物質製剤による治療が終了するまで
・麻疹　解熱した後3日を経過するまで
・流行性耳下腺炎　耳下腺，顎下腺，舌下腺の腫脹が発現した後5日を経過し，かつ全身状態が良好になるまで
・風疹　発疹が消失するまで
・水痘　すべての発疹が痂皮化するまで
・咽頭結膜熱　主要症状が消退した後2日を経過するまで
結核，髄膜炎　菌性髄膜炎及び第三種　病状により学校医その他の医師において感染のおそれがないと認めるまで
資料）「保育所における感染症対策ガイドライン」厚生労働省 2012年改訂版

＊＊学校保健安全法施行規則第18条における感染症の種類：
第一種　エボラ出血熱，クリミア・コンゴ出血熱，痘そう，南米出血熱，ペス

る必要がある。子どもが予防接種を受けたときは、接種内容と接種日を報告してもらい保育所でも記録しておく。予防接種後は観察を十分に行い、子どもの体調などに変化が見られた場合、保護者に連絡をする。

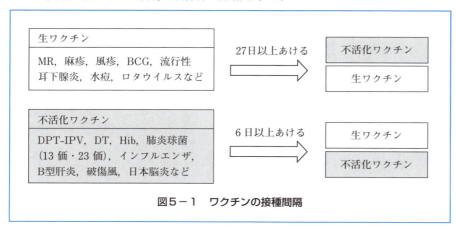

図5-1　ワクチンの接種間隔

予防接種のワクチンはウイルスや細菌の毒性を弱めたり死滅させたりしてつくるものであるが、病原体を体内に入れることによって、副反応が出ることがある。予防接種により健康に被害が出た場合には、救済制度がある。

※Hib（インフルエンザ菌）
※DPT-IPV1期（ジフテリア・百日咳・破傷風・ポリオ）
※MR（麻疹・風疹混合）

4．薬について

原則として保育所では、薬を預からないことを保護者に理解してもらう必要がある。保育所で与薬する場合の薬は、医師が処方したものに限定し、市販の薬を預からないことなどを、あらかじめ入園説明会やおたよりなどで保護者に伝えておく。但し、小児慢性特定疾患や熱性けいれんの予防薬、その他医師の判断で治療上、保育所での与薬が必要なこともある。

1 薬を預かるときの注意
(1) 与薬依頼票に必要事項を保護者に記入をしてもらい、与薬依頼書、薬剤情報提供書、薬を職員に手渡しする。
(2) 園で預かる薬は、過去に保護者が与えて異常がなかった薬とする。

ト、マールブルグ病、ラッサ熱、急性灰白髄炎、ジフテリア、重症急性呼吸器症候群（病原体がコロナウイルス属SARSコロナウイルスであるものに限る）、鳥インフルエンザ（病原体がインフルエンザウイルスA属　インフルエンザAウイルスであってその血清亜型がH5N1であるものに限る）

第二種　インフルエンザ（鳥インフルエンザ（H5N1）を除く）、百日咳、麻しん、流行性耳下腺炎、風しん、水痘、咽頭結膜熱、結核、髄膜炎菌性髄膜炎

第三種　コレラ、細菌性赤痢、腸管出血性大腸菌感染症、腸チフス、パラチフス、流行性角結膜炎、急性出血性結膜炎、その他の感染症

※「感染症の予防及び感染症の患者に対する医療に関する法律」（平成10年法律第114号）第6条第7項から第9項までに規定する新型インフルエンザ等感染症、指定感染症、及び新感染症は、第一種の感染症とみなす

◎調べよう！
予防接種による副反応について、また予防接種を受けてはならない場合と注意を要する場合について調べてみよう。

5章　医療・看護における乳児への対応と看護

(3) 与薬時間の指定や熱が出始めたら飲ませる，咳が出たらなどというような症状を判断して与えなければならない場合は預からない。

(4) 服用を嫌がる，吐くなどして飲ませられないなどのときは，追加与薬しないで保護者に連絡する。

(5) 保護者から預かった薬については，他の子どもが誤って内服しないように施錠のできる場所に保管するなど管理を徹底する。薬の保管方法は，室温または冷蔵庫なのか確認し保管する。

(6) 与薬にあたっては，複数の保育士などで，重複与薬，人違い，与薬量の誤認，与薬忘れがないように確認する。

(7) 与薬にあたっては，**薬剤情報提供書**に記載されている薬剤の効能・効果や種別，注意点，服用方法，副作用に関する情報などを熟読してから行う。

(8) 座薬の使用は原則として行わないが，熱性けいれんなどで，やむを得ず使用する場合や**エピペン**（アナフィラキシー補助治療剤：アドレナリン自己注射薬）が医師より必要と言われている場合は，主治医の具体的な指示書に基づき対応する。

(9) 薬は，当日与薬する分（1回分）のみ毎回持参してもらい，薬包（薬の袋）水薬の容器には，子どもの組・名前などが記載されているか確認する。

(10) 薬を飲んだ後登園する場合は，薬の影響で，「眠くなる，食欲がなくなる，興奮する，発疹が出る」などの症状が出ることがある。服薬中は，子どもの状態の変化に注意しなければならないので，薬を飲んでいることを保育所に連絡してもらう。保育者は，観察とともに状態を記録しておく。

事例5-1：5歳児　病院からの帰りの薬

ボトルに入っていた薬を全量預かった。子どもの手が届かない棚の上においていたが，保育士が目を離したすきに，踏み台を使って棚に置いてある薬を，全量飲み干した。すぐ病院へ電話して対処した。

事例5-2：5歳児　預かっていた薬

保育士が預かっていた複数の薬を与え，間違えた。一人の保育士が与えていた。

資料）保育所におけるリスク・マネジメント　ヒヤリ／傷害／発症事例報告書　兵庫県・公益社団法人兵庫県保育協会（平成26年3月）を参考に改変

表5−2　連絡（与薬依頼）票例

連絡（与薬依頼）票（保護者記載用） 平成　　年　　月　　日		
依頼者	保護者氏名　　　　　　　　　　　　　㊞　連絡先	
	子ども氏名　　　　　　　　　　男・女　　歳　　か月	
病名		
主治医	主治医氏名　　　　　　　　　　電話番号	
	病院名称　　　　　　　　　　　　　　　病院・医院	
	薬局名　　　　　　　　　　　　電話番号	
薬について	処方された日　　　　　年　　月　　日 処方された　　　　日分のうち本日分 薬の種類：　粉薬・シロップ・塗り薬・貼り薬・点眼薬・その他 　　　　　　（　　　　　　　　　　　　　　　　　　　　　　） 薬の内容：　抗生物質・解熱剤・咳止め・下痢止め・かぜ薬・その他 　　　　　　（　　　　　　　　　　　　　　　　　　　　　　） 薬の保管：　室温・冷蔵庫・その他 　　　　　　（　　　　　　　　　　　　　　　　　　　　　　） 使用時間帯：　昼食前・昼食後・その他 　　　　　　（　　　　　　　　　　　　　　　　　　　　　　） 外用薬の使用方法： その他注意してほしいこと： 	
保育所記載	受領者サイン	
	投薬者サイン 投薬月日：　　　　平成　　　　年　　　月　　　日 投薬時刻：　　　午前・午後　　　　時　　　分 投薬時の状況：	

資料）筆者作成

【参考文献】

国立感染症研究所「定期／任意予防接種スケジュール」（2018年4月1日以降）

内海裕実監著『園・学校でみられる　子どもの病気百科』少年写真新聞社，2014

巷野悟郎監修『最新　保育保健の基礎知識』日本小児医事出版社，2013

「小児科診療　第70巻　増刊号　症候からみた小児の診断学」診断と治療社，2007

守随香・池田りな・石川正子編『やさしい乳児保育』青踏社，2018

第**6**章

子育て支援における
乳児ならびに保護者支援

〈学習のポイント〉 ①現代における子育て支援の意義とその仕組みを学ぼう。
②乳児のいる保護者が現在おかれている状況を理解しよう。
③保護者への支援について理解を深めよう。
④保育者と保護者とのパートナーシップについて考えよう。

1. 現代の子育て支援とは

1 保育所保育指針による子育て支援

(1) 子育て支援のこれまでの経緯

　1990（平成2）年の「1.57ショック*」を契機に，労働・経済の面からも将来の社会保障の面からも，少子化問題は社会全体を危機感に包み，政府は「健やかに子どもを生み育てる環境づくりに関する関係省庁連絡会議」（1990（平成2）年）を設置する。翌年まとめた報告書は，出生率低下の背景に「結婚や育児に対する負担感の増大」を見て取り，子どもを生み育てやすい環境づくりへ向けて国の方針を示した。これが子育て支援施策の発端である。その後，次々と打ち出された法律や計画の下，次世代育成という長期的・多角的観点に基づきながら子育て支援は展開されてきた。

(2) 保育所保育指針における子育て支援の義務化および地域との連携

　こうした流れのなか，保育所保育指針においても，保育所が保護者への支援を行うことは2008（平成20）年の改定時から義務もしくは努力義務化された（旧「保育所保育指針」第6章　保護者に対する支援）。2017（平成29）年の改定では明確に「子育て支援」という章が初めて立てられ，在所児の保護者だけではなく，保育所保育の専門性を生かした子育て中の親のための包括的な支援，殊に地域の各関係機関（医療機関，保健所，市町村，児童相談所など）との積極的な連携が図られている。

2 子ども・子育て支援新制度による子育て支援

(1) 子ども・子育て支援新制度とは

　「子ども・子育て支援新制度」（以下，新制度）とは，子ども・子育て関連3法，すなわち2012（平成24）年8月に成立した「子ども・子育て支援法」，「認

*1.57ショック：1990年の1.57ショックとは，前年の合計特殊出生率が1.57と，「ひのえうま」という特殊要因により過去最低であった1966（昭和41）年の合計特殊出生率1.58を下回ったことが判明したときの衝撃を指している。
内閣府ホームページより

◎調べよう！
子育て支援対策に関わる，これまでの法律や計画について調べてみよう。

定こども園法の一部改正」,「子ども・子育て支援法及び認定こども園法の一部改正法の施行に伴う関係法律の整備等に関する法律」に基づく制度のことをいう。歯止めのきかない少子化，過疎地における幼稚園の相次ぐ廃園，都市部における待機児童の常態化などを背景として，2015（平成27）年から本格的に実施された。

(2) 新制度による子育て支援

　新制度*では，それまで認可施設として保育が行われていた保育施設への補助金制度の抜本的な見直し**が特徴の一つとしてあり，「施設型給付」と「地域型保育給付」と区分されている***。

　このほか，地域の実情に応じた子ども・子育て支援も推進されており，一時預かり事業や延長保育事業などは，「地域子ども・子育て支援事業」に組み込まれている（図6－1）。また，子ども・子育て支援法は施設型給付につき，教育・保育を利用する子どもに3つの認定区分を設けた。このうち，乳児保育の対象となるのは「3号認定子ども」である。（表6－1）このように，0～2歳の保育が行われている場所は幼稚園以外の全ての保育施設であることからも，3歳未満児の社会的ニーズの高さが伺われる。

*新制度には，主に次の3つのポイントがある。
①認定こども園，幼稚園，保育所を通じた共通の給付（施設型給付）の創設
②小規模保育，家庭的保育，居宅訪問型保育，事業所内保育に対する財政支援（地域型保育給付）の創設
③認定こども園制度の改善（幼保連携型認定こども園の改善等）

**幼保連携型認定こども園について，これまで文科省と厚労省で二重行政が行われていたことを改め，その認可・指導監督は内閣府に一本化されるとともに，学校および児童福祉施設としての法的位置づけがなされた。また，認定こども園の財政措置は「施設型給付」に一括された。

***「施設型給付」には，従来からの①の施設があり，「地域型保育給付」としては②に見られる施設が市区町村の認可を受けて新たに財政支援を受けることになった。

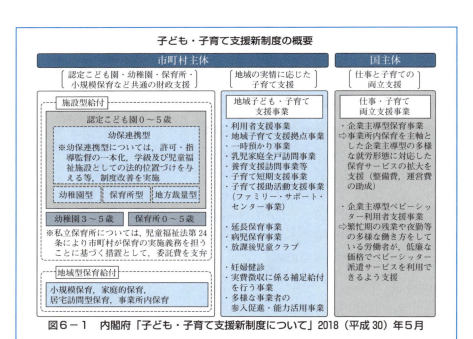

図6－1　内閣府「子ども・子育て支援新制度について」2018（平成30）年5月

6章　子育て支援における乳児ならびに保護者支援

表6−1　施設型給付費等の支給を受ける子どもの認定区分

認定区分	給付の内容	利用定員を設定し，給付を受けることとなる施設・事業
満3歳以上の小学校就学前の子どもであって，2号認定子ども以外のもの（1号認定子ども） （第19条第1項第1号）	教育標準時間（※）	幼稚園 認定こども園
満3歳以上の小学校就学前の子どもであって，保護者の労働又は疾病その他の内閣府令で定める事由により家庭において必要な保育を受けることが困難であるもの（2号認定子ども） （第19条第1項第2号）	保育短時間 保育標準時間	保育所 認定こども園
満3歳未満の小学校就学前の子どもであって，保護者の労働又は疾病その他の内閣府令で定める事由により家庭において必要な保育を受けることが困難であるもの（3号認定子ども） （第19条第1項第3号）	保育短時間 保育標準時間	保育所 認定こども園 小規模保育

（※）教育標準時間外の利用については，一時預かり事業（幼稚園型）等の対象となる。

3 現代の子育てと乳児保育

（1）乳児保育の需要の高まり

　このように3歳未満児の保育ニーズが高まっている背景には，現代の子育て事情が大きく関係している。まずは，母親の就労である。

　もう一つの理由は，世帯数の増加の一方で世帯人数が減少する核家族化*である。少子化が進んでいることに加え，家族の単位が祖父母を含まない最小単位の家族で生活する世帯が多いことを表しており，子育ての分業が難しい状況がある。

　このような背景により，女性が結婚，出産により離職することなく子どもを養育しながら就労を続けられるよう，子どもを預ける保育施設のニーズが高まり，出産後すぐに職場復帰を望む声もあることから，乳児保育の需要が増している。

（2）現代の子育ての課題

　核家族が一般的である現代，母親の子育ても孤立化していることが課題である。世帯人数の減少は，子どもの数の減少を表す少子化の要因に併せて，子育ての分業が困難な背景を含んでいる。

　また現在，日本ではひとり親世帯が増加傾向**にある。ここで課題となるのは，ひとり親世帯の多くは厳しい経済状況にある点である。ひとり親世帯の就業率は80％を超えるものの，特に母子世帯において43.8%がパート・アルバイトなどの非正規就労の実態があり，年間就労収入も200万円という平均値（「平成28年度ひとり親世帯等調査結果の概要」厚生労働省）となっている。この値は児童のいる世帯の総所得が739.8万円（2017〈平成29〉年現在）である点からも大

*世帯数は，1953（昭和28）年には1,718万世帯であったが，2017（平成29）年には5042万5000世帯と，3倍ほどに増加している。一方，一家族の人数を表す世帯人数は1953（昭和28）年には5人，1970（昭和45）年には3.45人，2017（平成29）年には2.47人となっている。
厚生労働省「平成29年国民生活基礎調査の概況」

**1978（昭和53）年には63万世帯であった母子世帯が，2016（平成28）年には123.2万世帯となり，父子世帯を合わせると141.9万世帯（推計値）がひとり親世帯という現状にある。
厚生労働省「平成28年度ひとり親世帯等調査結果の概要」

変低い水準であることがうかがえる。

　こうした点から、女性の自己実現に加え、経済的ニーズの高さにより親が就労する家庭に対し、乳幼児期の子どもの生活を支える保育施設の充実が求められている現状がある。

2. 乳児のいる保護者がおかれている状況

1 就学前児童の保育状況

(1) 乳児保育の必要性

　就学前の子どもたちの保育状況の10年前との比較を表したのが図6－2である。2006（平成18）年の0歳児クラスの保育の状況を比べると、認可保育所と無認可保育所を合わせて8.7％であった数値が、2016（平成28）年には15.8％と2倍近くになっている。また、特に大きな増加が見られるのは、1・2歳児クラスであり、28.9％と全体の3割弱であった数値が、46.4％と5割に近づいてい

図6－2　就学前児童の保育状況

資料）全国保育団体連絡会・保育研究所編『保育白書2018』ひとなる書房，2018

る。これらのことからも，乳児期並びに幼児期前期から保育所で生活する子ども
の割合が明らかに上昇しており，社会から乳児保育が必要とされていることが明
らかである。

（2）待機児童問題と乳児保育

　子どもの出生数そのものは，2017（平成29）年に過去最低の94万1000人を
記録するなど，年々減少しているにもかかわらず，保育所に通う0〜2歳児は増
え続けているという実態がある。特に都市部において，乳児保育の需要に対して
保育所の数が足りずにいる待機児童が問題となっている。我が国の待機児童は，
毎年2万人を超える値である。また，4月1日には26,081人（2017〈平成29〉）
年）であっても，0歳児クラスを中心に育児休業明けなどの年度途中の申し込み
が増加し，半年後の10月1日には55,433人（前年比7,695人増）となるなど，
低年齢児を中心とした待機児童の課題は今後も続く見通しである。

２　保護者の就労状況

（1）共働き世帯の増加

　保育所に入所する子どもが増えている背景として男女共同参画の考えが広ま
り，それまでのあり方と異なり，結婚して子どもを産んでも仕事を続けることを
選択する女性が増えてきたところにある。

　図6−3に表されているように，「雇用者の共働き世帯」数が「男性雇用者と
無業の妻から成る世帯」数に対し，平成8年に逆転して以来，現在は2倍近くの
世帯が共働きであることが明らかである。それまでの父親が一家の大黒柱として
働きに出て，母親は専業主婦として家庭を支えるという近代家族モデルから，大
きく変化したことがうかがえる。

（2）育児休業取得率の推移

　1992（平成4）年に施行された「育児休業法」（現在「育児・介護休業法」）
により，雇用契約を維持しながら子育てができる社会的環境の保障が始まった。
その後改正を重ね，現在は3歳までの幼児がいる労働者に短時間勤務制度の導入
が雇用者側に義務化されるなど環境は整備されつつある。

　一方で，現在，図6−4に見られるように，働く女性の83.2％（2017〈平成
29〉年）と8割を超える女性が育児休業を取得している実態に比べ，男性の育
児休業取得率（図6−4）は，5.14％と1割に満たない現状である。

　また，先ほどの育休取得率の値は，出産後に仕事を続けている女性に限定した
数値であり，現実には出産前に仕事をしていた女性が出産を機に辞めるケースは
7割近いという数字もある。そのような現状から，就労継続という観点からは男
女雇用機会均等法施行以前と比べ，それほど改善されていないということも報告

されている。

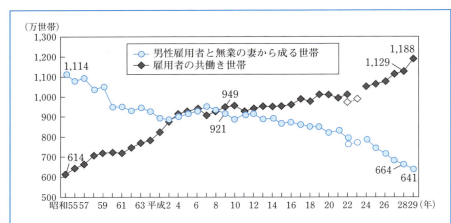

(備考) 1. 昭和55年から平成13年までは総務庁「労働力調査特別調査」（各年2月。ただし、昭和55年から57年は各年3月）、平成14年以降は総務省「労働力調査（詳細集計）」より作成。「労働力調査特別調査」と「労働力調査（詳細集計）」とでは、調査方法、調査月等が相違することから、時系列比較には注意を要する。
2. 「男性雇用者と無業の妻から成る世帯」とは、夫が非農林業雇用者で、妻が非就業者（非労働力人口及び完全失業者）の世帯。
3. 「雇用者の共働き世帯」とは、夫婦共に非農林業雇用者（非正規の職員・従業員を含む）の世帯。
4. 平成22年及び23年の値（白抜き表示）は、岩手県、宮城県及び福島県を除く全国の結果。

図6-3 共働き等世帯数の推移

資料）内閣府「男女共同参画白書　平成30年版」

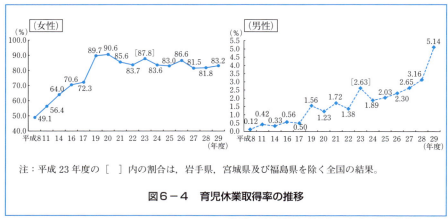

注：平成23年度の［　］内の割合は、岩手県、宮城県及び福島県を除く全国の結果。

図6-4 育児休業取得率の推移

資料）厚生労働省「平成29年度雇用均等基本調査」

3 海外の子育て支援

(1) 海外の子育て支援の現状

　これまで見てきたように，我が国の子育てをめぐる環境は依然厳しい状況があるが，ここで海外の子育ての実情を見ていきたい。図6-5は，各国の予算に占める家族に関する支出の割合を示したものである。国民が負担する税額の割合の違いもあるため，単純な比較はできないものの，ヨーロッパや北欧に比べ，日本は1.34％と低い値となっている。このことから，日本の政策は，児童手当などの現金給付並びに保育・就学前教育などの現物給付を通じた家族政策全体の財政的な規模が先進国に比べて小さいことが指摘されている。こうした背景には，2011（平成23）年に初めて65歳以上の高齢者が人口の23％を突破するなど，少子高齢化にむかう日本の社会保障制度の実情が窺われる。

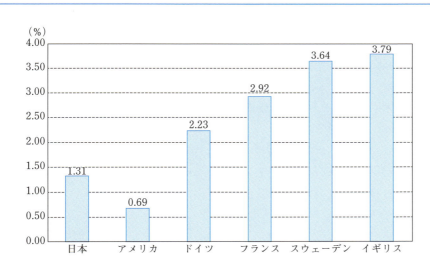

注：1．家庭関係社会支出…家族を支援するために支出される現金給付及び現物給付（サービス）を計上。計上されている給付のうち，主なものは以下のとおり（国立社会保障・人口問題研究所「社会保障費用統計」巻末参考資料より抜粋）。
　　　・児童手当：現金給付，地域子ども・子育て支援事業費
　　　・社会福祉：特別児童扶養手当，児童扶養手当，保育所運営費等
　　　・協会健保，組合健保，国保：出産育児諸費，出産育児一時金等
　　　・各種共済組合：出産費，出産手当金，育児休業手当金等
　　　・雇用保険：育児休業給付，介護休業給付等
　　　・生活保護：出産扶助，教育扶助
　　　・就学援助，就学前教育：初等中等教育等振興費，就学前教育
　　2．日本は2015年度，アメリカ，ドイツ，イギリス，フランス，スウェーデンは2013年度

図6-5　各国の予算に占める家族に関する支出の割合

資料）国立社会保障・人口問題研究所「社会保障費用統計」（2015年度），内閣府ホームページより

ネウボラ育児パッケージ
（kela ホームページより）

こうしたなか，合計特殊出生率の数値が日本（1.43〈2017年〉）よりも高い数値（1.92〈2016年〉）を表しているフランスでは，様々な子育て支援事業が展開されている。例えば，就労との両立支援では家族や雇用形態に応じた様々な休業や休暇制度が充実しており，就労を継続しながらの子育てが実現しやすいような取り組みがなされている。さらに，保育サービスについても施設型や在宅保育，保育学校など保護者のニーズに合わせて多様な選択肢が用意されている。

また，フィンランド（合計特殊出生率1.65〈2016年〉）では，切れ目のない家族支援として「ネウボラ」がある。ネウボラは，各自治体が運営，提供している子育て支援施設並びにサービスであり，妊娠期から出産，子どもが6歳になるまで専任の保健師が担当してきめ細やかな育児支援を受けることができるシステムである。大きな特徴として，その費用は各自治体が負担し，利用者は無料で利用できる点にある。

ほかに，ドイツでは第2子以降の給付金支給増額並びに男性の育児休業取得率の向上に向けた取り組みがある。またスウェーデンでは子どもが8歳になるまで父親と母親を合わせて480日休業することができ，休業中3年間は，80％の給料が保障され残りも一定額が保障されている。

こうした国々とは，家族制度のあり方，また社会保障負担率の違いなども背景としてあるが，働き続けながら子どもを安心して産み育てる社会的な環境が保障されているという点で，望ましい制度については日本でも参考にしたい取り組みである。

◎調べよう！
フィンランドの子育て政策であるネウボラほか，海外の子育て支援政策について調べてみよう。

(2) 海外の乳児保育の現状

一方，0歳児保育という視点から見ても各国の状況は様々である。表6－2はOECD（経済協力開発機構）＊によるECEC（乳幼児教育・保育）の各国の実情

表6－2　ECEC 実施状況

	0～1歳	1～2歳	2～3歳
フランス	認可家庭的保育18％　保育所8％		
フィンランド	0％	27.5％	43.9％
韓国	19.6％		
スウェーデン	0％	45％	86％
アメリカ	38％	乳児の50％が施設型ケアや個人宅でのチャイルドケアを利用	
日本	5.1％	29.9％	32％

＊日本の実質の値は表よりも高い数値である。
OECD 白書 2011年より筆者作表

＊OECD（経済協力開発機構）において，早期幼児教育・保育（ECEC）幼児教育の改善で，より多くの子どもを成功させ社会的流動性を高めること，つまりその後の経済的発展をもたらすという視座の元，各国のECECを比較調査している。

6章　子育て支援における乳児ならびに保護者支援

をまとめた表である。この表にも表れているように，フィンランドやスウェーデンでは0歳児保育が実施されておらず，保護者による在宅での育児が一般的である。北欧でのこうしたあり方が実現できているのは，先にみた育児休業制度の充実と大きく関係している。また，フランスでは2歳以上は無償での幼児教育が受けられ，3歳未満児の利用は見られるものの，在宅での保育（保育ママ宅並びに在宅によるベビーシッター）が主となっている。

このように，乳児期の保育に対する考え方はそれぞれの国の政策に現れている。そうした点で，日本の0歳児保育の需要の高さからも保育所等で生活する子どもは今後も増えることが予測される。これらのことからも，ますます乳児保育の質的な向上が求められている。

3. 乳児期の子育てを支える保護者支援

1 保育所における子育て支援事業

保育所の社会的ニーズが高まるなか，保育所には，地域の子育て支援拠点としての役割も求められている。

（1）保育所における子育て支援事業

保育所における子育て支援事業として「一時預かり保育」と「園庭開放」「子育て相談」などがある。利用者の多くは3歳未満の子どもを持つ保護者・親子が対象となっている。

一時預かり保育*を行う多くの園では「一時預かり保育室」を通常の保育室とは別に設け，専任の担当職員も配置している。一か月単位で月初めや前月末などに申し込みを実施し対応している。

園庭開放**では，保育所にある園庭・保育室などの保育環境，また玩具や絵本などの文化財や保育者の子どもへの関わり方などから，育児を学ぶ機会に繋がる配慮がなされている。

子育て相談***では，園庭開放などを利用して気軽に相談する機会を設けるほか，電話での対応も受けられることになっている。

（2）保育所における子育て支援事業における課題

保育所における子育て支援については課題も多い。1つめは本来，子育て支援とは福祉的な要素が強く，子育てをする保護者を育て支えるといった長期的な取り組みが求められているにもかかわらず，継続的な関わりを維持しにくいといった矛盾を孕んでいる点である。子どもや保護者との関わりが一時的である点で，

---

*一時預かり保育：地域に住む日頃保育所に通っていない子どもを一時的に時間単位で預かる事業である。利用者のほとんどは保護者（母親）であり，外出などの所用やリフレッシュなどの目的も認められている。

**園庭開放：保育所が地域に住む乳幼児の親子を対象として園庭もしくは保育室を開放し，保育所の設備を利用して親子が遊ぶ場を設けている事業である。園長や専任の保育士が対応し，保育環境を通じて専門職である保育者と交流する場になっている。

***子育て相談：子育ての孤立化が進むなか，育児の悩みや相談への対応を行う事業である。

子どもの育ちのプロセスを支える保育者としての支援の難しさがある。

　２つめは保育者の負担の増加である。保育所ニーズの高まりに加えて保育士不足が叫ばれるなか，通常保育の保育士も不足している園も多い。

　そうした点からも保育所における子育て支援は，まだ制度としての取り組みは模索の段階であり，本来の地域における子育て支援の目的を今一度精査するとともに，より良い制度的な役割を考えていく必要がある。

② 乳児期の子どものいる保護者の特徴

(1) 子育てのロールモデルの不在

　既に見てきたように，核家族社会に生きる現代の保護者は，子育てのいわゆるロールモデル（お手本となる存在）がいない状況のなか，いきなり母親や父親になってしまうという現状がある。子どもが誕生するまで「赤ちゃん」に触れたことがない母親も多く，小さく儚げな存在に戸惑いをもって子育てに直面している。

　誕生したばかりの乳児は，泣くことでしか自らを表現せず，また時にぐずるなど，母親には対応がわからないことが多い。また０歳児は，前期は授乳量，後期に入ると離乳食が始まるなど，短期間に発達や生活環境に変化が多く，手探り状態による悩みの多い時期である。母親のこれまでのライフステージでは，近代社会の教育システムのなかで，大人に対する対応や高度な知識を活用しうる社会性は身についているものの，小さな子どもにどう接し，どのように子育てをしていくかのロールモデルの不在が大きな課題といえるであろう。

(2) 多様な家族の姿

　さらに，現代は家族のあり方も多様であり，一般的な家族像が存在しないのも現代の特徴である。少子化の要因の一つでもある晩婚化，晩産化が進み，第１子出産年齢は現在30.6歳となり，40代以降に第１子を出産する母親も増加している。また，先にみたひとり親家庭の増加，外国籍あるいは母国語が異なる家族の増加，並びに父親よりも母親が長時間労働であるケースなど様々な家族が存在する。

　家族のあり方が多様化する現代において，保育における子育て支援のありようも一定ではなく，それぞれの家族に適した支援のあり方を模索する必要がこれからの保育者にはより一層求められるのである。

４．保護者とのパートナーシップ

⬛ 乳児保育における保護者の支援

（１）協力関係の構築〜保護者の置かれている状況を理解し，共感的に接する

> **事例６−１**
>
> 　Ｓちゃんの母親は，産休明けにすぐに職場復帰し，フルタイムで働いている。保育園には，朝７時に預け，19時にお迎えという日が多い。父親と共に，子育てを分担しているが，送り迎えは母親が主である。園に着くとＳちゃんを保育士に託し，急いで出勤する。帰りの時間もギリギリになり，慌ただしく帰っていく毎日であり，表情も険しい。担任保育士は気になりながらも，笑顔で「行ってらっしゃい」「お帰りなさい」という言葉を伝えていた。また，連絡帳にも丁寧にＳちゃんの様子を記すように心がけていた。
>
> 　そんなある日，連絡帳にＳちゃんのお母さんから次のようなメッセージが届いた。
>
> 　「慌ただしくしていて，なかなか伝えられずにいますが，先生の笑顔に心から安心しています。いつも本当にありがとうございます」このメッセージ以降，お会いするとＳちゃんのお母さんが笑顔を見せるようになってくれ，そのことをきっかけに少しの時間でも言葉をかわすことができるようになっていった。

　保護者は，子どもの母親，父親である以外に，職場における立場や家族における立場など，複数の役割を担いながら子育てをしている。また，乳児の保護者は子育ての初心者である場合も多く，不安を抱えながら生活をしている。さらに，産休明けや育休明けは出産による産後の心身への影響も多く，ホルモンバランスや体調が不安定になりやすく，感情の起伏が大きいこともある。

　保育をしていると，子どもの状態から保護者に対する要求や期待が生じることもあるが，そうした保護者の置かれている状況を理解し，共感的に対応することが大切である。

（２）専門的支援を背景にしたパートナーシップ

　保育者は専門職であり，子どもの育ちやこの時期に大切なことを踏まえて保育を行なっている。子どもの成長過程の面白さやこの時期に大切なこと，保育のなかで得た発見や子ども一人ひとりの個性の素晴らしさなど，専門家ならではの視点を保護者に提供することも大切である。子どもの作品の掲示だけでなく，ドキュメンテーションといわれる活動のプロセスを記した写真や記録などを通し，この時期の子どもの育ちの面白さや重要性について専門家ならではの視点を提示することにより，真のパートナーシップが築けるものと考える。

（3）保護者の子育ての自立と自信に繋げる

　子育てのパートナーとして，子どもの育ちを喜び合う関係性を構築する目的は，子どもの健やかな育ちを支えるとともに，保護者自身の子育てに対する自信に繋げる所にある。保育所・園に通うことにより，保育者の環境設定や時期に適した絵本，また他の子どもの育ちや親子関係の様子からも気づきがある。こうした経験が親としての成長にもつながっていく子育ては保育所にいる間だけでなく，子どもの成長と共にずっと続くものである。また，親は子どもが誕生してすぐに親になる（be）のではなく，様々な経験を通して親になっていく（become）ことを保育者も理解し，少しずつでも養育力が向上するような援助が必要である。

② 家庭・保護者との連携

（1）入所前から入所へ

　入所を申請した自治体や園によって方法は異なるが，子どもの受け入れにあたって，保護者並びに子どもとの面接を実施し，子どもの状態や家庭の状況について把握する機会を設けている。この面接は入所の可否を決定するためのものではなく，入所に際し速やかに家庭生活からの移行ができるよう，保育所や園で準備を進めるためのものである。また，子どもにどのように育ってほしいか，また保育所や園にどのような保育を期待するかなど，保護者の意向を聴く機会にもなる[*]。

> **事例6－2**
> 　T君は，1歳児入所のお子さんである。育休明けからお預かりしている。
> 　初日，母親と別れる際，激しく泣いており，母親もT君の姿を見て，涙を浮かべていた。その翌日も2時間の保育であったが，やはり在所時間中泣き通しであった。3日目にはもう少し時間が延びて，食事が始まったが，一口も口をつけない。保育士は心配しながらも水分補給を心がけ，見守った。数日経った頃に，木製のミニカーを保育士が見せると，ふと泣き止んだ。それからは，園に来るとミニカーを探すようになった。2週間が経つ頃には，担当の保育者を見ると笑顔を見せることも増えてきた。まだ，泣く姿は見られるものの，だんだんと適応している様子である。

　事例6－2は慣らし保育の様子である。慣らし保育とは，園に適応するために，入所当初より徐々に在所時間を増やしていく時間を設ける保育形態をさす。
　乳児期の子どもにとって，それまで過ごしていた家庭生活と環境が大きく変わり，長い時間を多くの子どもたちとともに生活することになる。そうした環境の変化に，子どもが自然に適応できるように，また保育所の生活に慣れ親しんでも

---

[*]面接では，保護者に対し，家族構成や家庭の状況，また就労状況，並びに出産時やその後の子どもの発育の状態，アレルギーの有無，既往歴など，保育所や園で把握しておいた方が良いことをできるだけ細かく聞き取り保育に繋げられるようにする。また，実際に子どもの様子を観察しその特性をとらえるとともに，保護者との関係性など親子関係の形成の状態を捉えることにより，その後の保護者支援を考えていく上で重要である。

らうための方法が慣らし保育*である。多くの園で，まずは1時間，次はお昼まで，その後はお昼寝まで，というように短時間から始まり，徐々に時間を長くしていく形が取られている。この慣らし保育の期間は保護者にとっても，保育所との関係性の形成と，子どもと離れる心の準備をする期間でもある。

*慣らし保育：入所して1週間から10日間程度，特別な体制で行われる保育の形態をさす。

（2）連絡帳を通した連携

乳児期の保育は，家庭と保育所や園での生活を一日24時間の連続性を考慮した保育を行うことが大切である。乳児期はその育ちだけでなく，生活リズムや健康状態にも個人差が大きい時期である。例えば，何らかの理由で家庭での就寝時間が遅く，十分に睡眠時間が確保できていないことが連絡帳により分かった場合には，1歳児のデイリープログラムのなかにはない午前寝を取り入れることにより，子どもの体が休まるということもある。こうした睡眠時間や排泄の状態，食事の時間など保育所・園と家庭との情報を互いに交換することで，子どもの健やかな育ちを保障する環境を整えることができる。

（3）通園時のやりとりや面談を通した連携を通し，信頼関係を構築する

登園時の受け入れ，降園時の受け渡しの機会は，保護者と保育者が顔を合わせて直接交流ができる大切な時間である。保育時間の子どもの様子を伝えることを通し，保育に関する助言や相談などが，改まった形でなく自然に交流できる。

また，具体的な子どもの育ちや園での生活を保護者に伝え安心してもらうとともに，家庭生活の状況をとらえるために，面談の機会をもつことも有効である。定期的に行うこともあれば，子どもや保護者の様子・求めに応じて個別に機会をもつこともある。また，朝早く，夜遅い長時間の保育を受けている子どもは，担任保育者と顔を合わせる機会がなかなかないということもある。そのようなケースにおいてもこうした面談の機会は大切である。

このように，保育は，保護者との連携のもとに行われる。保育所における子育て支援の目的は，こうしたパートナーシップにある。保護者が保育者の姿から保育を学び，また子どもの育ちを保育者と共に喜びあうことで，保護者自身が親として育まれ，子育ての自律に向かうためのプロセスを保育者と共に歩んでいるのである。

【参考文献】

松本峰雄監修『乳児保育演習ブック』ミネルヴァ書房，2016

OECD編集，星三和子他訳『OECD白書　人生の始まりこそ力強く：乳幼児期の教育とケアの国際比較』明石書店，2011

第**7**章

障がいのある乳児の保育

〈学習のポイント〉　①障がい乳児とはどのようなものか，またその受け入れについて理解しよう。
　　　　　　　　　②障がいの特性と気づき，早期発見について学ぼう。
　　　　　　　　　③乳児期の保育の必要性について理解しよう。
　　　　　　　　　④障がい乳児の保育内容と実践事例について学ぼう。

1. 障がいのある乳児の特性と理解

1 乳児と障がいとの出会い

（1）精神の共同性

　幼児園（2歳以降の保育園）から保育者としての体験を出発させると，2歳以前の子どもの様子はよく分からない。理論として知っていても，実際に乳児に触れなければわからないことはたくさんある。例えば，生まれたばかり赤ちゃんは母子融合とでも表現できるような，互いに融け合うような一体感をもつ。共鳴動作*という生得的メカニズムをもって生まれた子どもは，「共鳴し，共感し，交流すること自体のためにおこなわれるようとしている」**ような，それ自体に意味を有する機能を果たしている。「人間は身体としての個体性をもっていますが，同時に精神としての共同性をもっています。つまり，その精神活動は，人と人との間に生まれ，存在するといえるでしょう。私たちが乳幼児だけでなく障害をもった子どもたちとかかわるとき，こうした精神の共同性のあり方をまず教えられます」***。

*野村庄吾『障害をもつこと育つこと』p.3, 岩波書店, 1984

**野村庄吾, 前掲書, p.5

　個としての身体性は誰でもがもつものであるが，私たちは「精神の共同性」をもって生まれる。身体性が人と相互に交わるには，身体性（有形としての限界）は時にぶつかり合うものとして存在する。乳児でも障がいのある子どもでも，「手がつけられない」ほど「泣きじゃくった」ときに後ろから優しく抱きかかえたときに「スッと」抜けてこちらに身をゆだねることがある。

***野村庄吾, 前掲書, p.5

　身体の交わりはあるのだが，ここで着目したいのは「精神の共同性」である。身体は根幹にあるのだが，「安心した」感じは「精神の共同性」の営みと言えよう。

（2）基礎的な力の形成期に生じる「凸凹」

　乳児がどのように仰向けからうつぶせ位になり，どのような手順で横転するようになるかを実際幼児保育の現場で見ることはできない。仰向けからうつぶせの

状態，さらに肘支持により上体がのけぞるような状態の子どもの視野の広がりは，視覚により遠近感や様々な刺激が入り，バラバラであった「モノ」の統一体を認識させる。ヒトは生まれながらに様々な力をもって生まれてくる。乳児期はその力に外部の刺激が加わり，「随意的」な動きや「喃語」，周囲への関心の強まりなど，将来ヒトとして「生きる基礎」を培う人生において最も大事な時期である。乳児期の1年間は「未熟」で「未分化」な状態である一人の乳児がその心身にあって「まとまり」を育む時期である。このことは障がいの有無に関わらず指摘できることである。障がい児にとって，障がいとはこのような「基礎」的な力の形成期になんらかの原因で凸凹が生じる症状と言えるし，その子にとっての「困り感」とも言える。腕を上に上げてくださいと言われてしたところ，外部の力がそれを阻止するように働いた場合，上に上げようとした当事者は強い不快さや疲れを感じるだろう。このような状態が日常的に続いているのが脳性まひの子どもの状態像の一コマである。

　ヒトの発達にはいくつかの法則性がある。身体運動機能面で見ると，体幹は上部から下部に向けて発達が進んでゆく。視線が動き，首が座り，座位がとれ，つかまり立ちから一人歩行を獲得する。微細運動面では，体幹から肩が離れ，回旋し始め，手を使っての把握，そして手指の使用，特に親指と対応する形で発達する。このような主として身体運動機能面の発達は，外界（環境）との関わりにより認知的機能面の発達と連関している。

　この一連の動きは子どもの出生後，ほぼ一年間，すなわち乳児期で獲得される。この法則性は障がいの有無に関わらず発現する。一方で，障がいを個々の凹凸と考えると，個人差はある。障がいだからといって，保育のなかでその子どもに何も関わらないとすれば，その凹凸は固定したままになってしまう。乳児期は，環境への敏感期でもある。

（3）環境との自分なりの関わり方

　ダウン症のS君は，箱椅子になんとか登ろうと苦戦している。上体を箱に入れ，足も上に上げようとしている。しかし，箱椅子はそのような動作をするには狭すぎる。大人であれば丁度いいところで切りをつけるのであろうが，S君は何度も挑戦している。上体を箱椅子に伏せたり，箱椅子につかまり立ちしたり，30分近くも箱椅子と格闘した。

　またあるときは，レゴブロックが入ったケースを下ろそうとする。片手では重いので，保育士が手伝うのだが，下ろしては再度ケースを積み直し，その行動を飽きずに繰り返している。付き合っている保育士が根をあげるほどの執念である。

　あるモノに興味をもち，自分なりの遊び方で遊ぼうという姿は，障がいの有無に関わらず認められる。これはS君の遊びである。なぜならば，自発的に，自ら

の思いをもって，"ウーッ"と声をあげ，一心不乱に取り組む姿には，S君の快
的情動が働いているからである。

　乳児期の障がいがある子どもは，「困り感」を抱きながらも，自主的に環境と
関わって生きているのである。

2 乳児の保育と養護

（1）新保育指針における養護のとらえ方

　平成30年版「保育所保育指針解説」では，第1章　2養護に関する基本的事
項　(1)養護の理念について，次のように記述している。「保育所が，乳幼児期の
子どもにとって安心して過ごせる生活の場となるためには，健康や安全が保障さ
れ，快適な環境であるとともに，一人の主体として尊重され，信頼できる身近な
他者の存在によって情緒的な安定が得られることが必要である。保育士等には，
子どもと生活を共にしながら，保育の環境を整え，一人一人の心身の状態などに
応じて適切に対応することが求められる。保育における養護とは，こうした保育
士等による細やかな配慮の下での援助や関わりの全体を指すもの[*]」である。

　新「保育所保育指針」では保育のなかでもウェイトが大きくなった3歳未満児
保育，特に乳児保育に重点化して記載されている。保育は「養護と教育が一体
化」して行うものとされているが，そのなかでも乳児保育は「養護」の視点が大
きい。この「養護」のとらえ方は，乳児期の障がいがある子どもを考えるうえで
も大事な考え方といえる。人間関係学の立場から鯨岡峻[**]は「育てる営みもまた
両義性を孕む」ことを前提に，「養護の働き」を，「子どもの身になって見る（子
どもの目）」立場のことであり，「思いを受け止める・存在を認める・存在を喜
ぶ・意図を支える」総じて「優しく温かく包む心の動き」であると述べている。

（2）障がいのある乳児の受け入れ

　障がいのある子どもの受け入れは，鯨岡峻の言う「養護」による機能が大き
い。一方では，親の就園希望がある。働かざるを得ない状況やシングルマザーで
あるケースもある。しかし一方では，子どもの立場からのものもある。乳児から
子どもが保育を受けることで，発達する可能性は高くなる。なぜなら定型発達の
行動が，日常的動作のモデルとなるからである。そして「養護」の機能である
が，保育者たちが障がいのある乳児と出会うことで，保育者側に「優しく温かく
包み込む心の動き」が内発的に起こる，このことが何よりも大きいと思うのであ
る。

[*]厚生労働省編『保育所
保育指針解説』（平成30
年版）p.30，フレーベル館，
2018

[**]鯨岡峻『関係の中で人
は生きる』p.53，ミネル
ヴァ書房，2016

2. 障がいの特性と気づき

　ダウン症のT君は乳児期から保育園に通っている。T君の場合，乳児期にはすでに障がいがあることがわかり，乳児期から障がい児保育事業の対象となっている。ダウン症のように比較的早期に発見される障がいとして，先天性四肢欠損・盲・高度難聴や脳性まひがある。筆者が体験した事例では，2歳児として保育園に入園した女児について，保育者が保育を進めるなかで体幹の動きや手指の操作，言葉の遅れなどに気づき，保護者に相談して専門機関を受診した結果，脳性まひだったということがあった。入園以前にいろいろな「困り感」があったはずであるが，なぜか2歳の保育園入園期まで見過ごされてきた事例である。家庭内では母子間のなかで，母親がいろいろ気づき手をかけることで，それほど困難さはなかったのかもしれない。

　他方，障がいの発見が幼児期以降まで遅れる場合がある。集団行動に適応しない，多動傾向があるなどの場合，保育のなかでは「気になる子ども」ととらえられる。また自閉スペクトラム症などの発達障がいでは，特に大きな運動機能の遅れがないと，早くて幼児期前半，遅いときは就学期に入ってからその障がいがわかる場合もある。A君は保育園時代は特に「手がかかる」「気になる」ことはなかったが，卒園して小学校に入学後に，A君が「発達障がい」だったという報告があった。

　保育園の特徴は「緩やかな集団性」であり，排泄などのため保育時間中に出入りすることは自由である。しかし，小学校は教科単位の仕組みであり，子どもの成長を考慮すると学習前に排泄を済ませ，授業時間中はよほどのことがない限り，排泄行動などの自由行動は制止されている。A君にとって保育園時代はその「緩やかさ」により，あまり目立たなく過ぎてしまったのかもしれない。

1 ダウン症の特徴

　ここでは出生後間もなくその障がいがわかるダウン症について，その特色を述べる。ダウン症は1886年にダウン（Down. J. L. H）によって記載された症候群である。特徴的な顔貌をもっている。原因は染色体異常（21トリソミー）によるものである。新生児における出現頻度は900〜1,000人に1人である*。ダウン症は超早期に診断がつく障がいである。そのことは母親にとっても生後3か月以内には告知されていることを意味する。母子相互関係を考慮するとともに，刺激に反応することが弱い子どもへも早期に働きかけることで，二次的な障がいにつながらないように考慮したプログラムがいくつも開発・実践されている。国内の理論的・実践的取り組みとしては池田由紀江を中心とした「早期療育プログラ

*井上文夫「ダウン症」『発達心理学辞典』pp.445〜446，ミネルヴァ書房，1995

ム」がある。そのプログラムでは乳幼児期を３つに区分し，その到達目標を掲げている（表７−１）**。

＊＊池田由紀江編著『ダウン症児の発達と保育』p.24, 明治図書, 1992

表７−１ 「早期療育プログラム」

年齢区分	発達年齢	到達目標
０歳児	正常発達の出生から６・７か月ころまで	・母親との愛着行動の確立 ・諸感覚の機能の基礎 ・外界からの刺激の入力と外界への探索
１・２歳児	正常発達の８・９か月ころから２歳まで	・手の操作の確立 ・移動による探索行動 ・対人関係の確立とひろがり ・歩行，ことばの獲得
３・４・５歳児	正常発達の２歳ころから３・４歳ころまで	・家庭から地域への行動の拡大と集団への参加 ・自己コントロールを中心とした社会性の形成 ・発達に応じた生活習慣の形成 ・ことばによるコミュニケーションの形成

およそ６か月から１年くらいの「歩みのゆったり感」がある。歩行と言葉の獲得は１歳３か月くらいが通過点であるので，全体的にゆっくりめである。

ダウン症は知的障がいが共通して見られるが，軽度から重度まで様々である。身体的特徴として，循環器や消化器の形態異常，運動面では筋緊張が弱く，首の座りが遅れたり，始歩の時期が遅れたりする。社会性は保たれることが多く，人なつこい印象を与える*。

＊前田泰弘「第３章障害の理解と保育Ⅰ」前田編著『実践に生かす障害児保育 第二版』pp.47〜48, 萌文書林, 2018

2 障がいの発見が遅れる場合

（1）自閉症スペクトラム障がい

自閉症スペクトラムの場合，１歳前の早期診断は難しいと言われている**。日本では母子保健法により，１歳６か月健診と３歳児健診が実施されている。１歳６か月健診の言葉の発達の検査では，２歳前になって言葉が急激に出てくる子どもがいるので，保護者がわが子の言葉の遅れを気にして検診時に申告しない限り，様子をみることとなり，３歳児健診まで伸びることになる***。

＊＊平岩幹男『自閉症スペクトラム障害』p.20, 岩波書店, 2012

黒澤礼子は，幼児期以降に発達障がいと診断された親たちは，あとで思い出してみると子どもが小さい頃に様々な苦労をしてきたと述べている****。『日常生活のようす』では「睡眠サイクルができてこない」場合がある。具体的事例として次の事例を挙げている。寝つくのに時間がかかり，泣いたり暴れたりする。一晩中抱いたり，車に乗せたりなど，特定の環境でないと眠らない。突然ギャーと大声で泣いて起き，そのまま長時間泣き続ける。眠りが浅く，すぐに目を覚ます。寝起きが極端に悪い，なかなか起きず，起きたあとも機嫌が悪い。『夜泣き』

＊＊＊平岩幹男, 前掲書, p.20

＊＊＊＊黒澤礼子『赤ちゃんの発達障害に気づいて・育てる完全ガイド 第８版』pp.8〜12, 講談社, 2018

では特に夜驚症が続く場合は医師の診断を仰ぐ。次に『偏食・少食』では「ばっかり食べ」や食べることに興味をもたない。『人とのかかわり方，コミュニケーション』では「母親や周囲の人をみない」場合。これは母子関係がうまくとれず，一人で部屋にいても平気，あるいは授乳時に母親の目を見ようとしない。『コミュニケーションが難しい』では，乳児期にはあまり泣かないので，手がかからない子と思われてしまう。言葉が出てもオウム返しや意味不明な言葉で，意思疎通が難しい。『共同注意がない』では親が指さしした方を見ない。クレーン現象*が認められる。このように見ていくと，乳児期になんらかの事象があったことがわかるであろう。子どものこうした事象は，保育場面で確認できることである。このように考えると，乳児期の保育のなかでも，診断が遅い障がいの子どもの様子をよく見ることで何らかの対応はとれるのではなかろうか。もちろん，私たちの願いは障がいをあぶりだして，子どもにレッテルを貼ることではなく，個々の子どもの姿を，この乳児期の大事な時期になるべく仔細にみて，個別的に関わることであろう。

> *クレーン現象：何かがほしいとき，指さしをせず，大人の手をつかんで取らせようとする行為などを言う。

(2) 早期発見から早期保育へのプロセス

　障がいが疑われる子どもにとって，早期発見（医療）から早期療育（療育機関），そして早期保育（幼稚園・保育園・認定こども園）へと段階的に対処されることは望ましいプロセスであるが，障がいの特性によってこのプロセス自体に差異が生じる場合がある。またこのプロセスは親がわが子の障がいを受け止める過程でもあり，早期に障がいを発見しても，その後につながらない場合は，親子ともに路頭に迷う結果になる。これだけは避けなければならない。

3. 乳児期の保育の必要性

1 乳児保育の背景

　2015（平成27）年に始まった「子ども・子育て支援新制度」における想定では，保育の需要と供給は均衡化し，どの子どもでも「保育・教育」が受けられるはずであった。しかし，特に保育園の「待機児童」問題は一向に改善する見込みはない。その背景の大きな要因として，特に0歳児と1歳・2歳児の保育ニーズが高いことがある。

　1998（平成10）年10月の統計資料によると，保育所の年齢別在籍数は総数が1,789,599人で，そのうち0歳児は37,090人，1歳児152,559人，2歳児229,375人であった**。0歳児は2.1%，1歳児8.5%，2歳児12.8%で3歳未満

> **全国保育団体連絡会・保育研究所編『保育白書2000年版』p.293

児保育は23.4％となる。ではそれから20年を経た現在の状況はどうであろうか。

　厚生労働省のホームページで開示された資料「保育所等関連状況取りまとめ（平成29年4月1日）」を見ると，保育所を利用する児童の総数は2,546,669人。そのうち3歳未満児の保育所在籍数は0歳児が146,972人（5.8％），1〜2歳児884,514人（34.7％）で，3歳未満児保育は40.5％であった。さらに全国の待機児童数の16.9％は0歳児である。このように3歳未満児，なかでも0歳児保育の保育需要の高まりが顕著である。

　乳児保育の需要が高まると，障がいのある子どもたちの入園も多くなる傾向にあろう。

4.　障がいのある乳児の保育内容と具体的方法

■1 保育内容

　「保育所保育指針解説」では，第2章乳児保育の1乳児保育に関わるねらい及び内容の(1)基本的事項について次のように記述している。「乳児期は，心身両面において，短期間に著しい発育・発達が見られる時期である。生後早い時期から，子どもは周囲の人やものをじっと見つめたり，声や音がする方に顔を向けたりするなど，感覚を通して外界を認知し始める」。

　0歳の保育（「乳児保育」）の関わる「ねらい及び内容」としては，3つの視点に区分して説明している。第一は，身体的発達に関する視点「健やかに伸び伸びと育つ」，第二は，社会的発達に関する視点「身近な人と気持ちが通じ合う」，第三は，精神的発達に関する視点「身近なものと関わり感性が育つ」である。すなわち，乳児保育の「ねらい及び内容」は身体的発達の視点，社会的発達の視点，精神的発達の視点の3つにまとめることができる。

■2 実践事例と乳児保育の課題

（1）実践事例1－Aちゃん

　実践事例1は1987（昭和62）年に公表された実践記録である[*]。国の障がい児保育制度実施要綱がつくられたのは1974（昭和49）年で，当時の障がい児保育の入所要件は，満4歳以上の障がいのある子どもで日々保育園の通園が可能である場合であった。事例7－1はそのような状況から13年が経過しているが，障がいのある乳児へのこのような保育実践は，いまだ少ないなかで貴重な実践といえる。

[*]全国保育問題研究協議会編『乳児保育 第2版』pp.242〜249，新読書社，1992

事例7－1

　Aちゃんは乳児保育クラスに入園したお子さんだ。左手の指しゃぶりがひどく，左方向ばかり顔を向けて寝ていて，ミルクのときも，目覚めて遊ぶときも，いつも布団で過ごす。後追いもなく，手がかからない子どもだったが，生後6か月になって左右対称の動きが取れず左側が弱い，体幹四肢の動きの弱さが目立ってきた。保育者たちは，Aちゃんの生活を豊かにするために「保育のなかで大切にしてきたこと」を4点あげている。①しっかり目を見つめ，大人との信頼関係を築く，②食べる，眠る，排泄する，遊ぶという生活リズムの確立をめざす。体を動かし意欲を育てる，③自由に遊びにとりくめる環境をつくったり，個々の興味に即した玩具を与えたりしながら，遊びの世界を拡げていく。保育者や友達との共感を育てあう，④保護者や保育者集団などでの話し合いを豊かにし，みんなのなかで育て合う努力をする。

　31年前の実践記録であるが，その保育のねらいは新鮮であり，今の保育に活用できるものである。さて，その4つのねらいを立てて，保育者たちが具体的に取り組んだ内容を紹介しよう。

　「大人しく，反応が少ないのは大人との交流が不足しているのではないかと考え，ことばかけを多くし，哺乳やオムツ替え，眠るときなどを利用してスキンシップをはかるようにした。」（4月－5か月の様子）。

　「あやし遊びを含め体で思いっきりかわいがりながら，お母さんには，Aちゃんの目をしっかり見つめ朝夕のあいさつをするなど，忙しいなかにもAちゃんとの接し方を教え，時間を有効に使っていく大切さを話し合いました。（略）体づくりのとりくみは，はじめ赤ちゃん体操をしていましたが，その後は，Aちゃんの発達にそった体操ですすめることにしました。その結果，次第に周囲に目を向け始めたAちゃんは広告紙をクシャクシャにしたり，赤い玩具をなめたり，天井からつるしたメリーゴーランドや布ボールに目をとめてじっと見たり手を出すようになりました。」（5～6月－6か月，7か月の様子）

　「生活リズムがほぼ一定となってきたので，眠るときは布団，それ以外は床ですごさせ，広い場所をつくるとともに床の上には畳をおいて運動に抵抗を与えるようにしました。沐浴もゆさぶり遊びも友だちと一緒にして，ふれあいを大切にしました。」（7月，8月－8か月，9か月の様子）

　「高ばい，つかまり立ちをし，部屋から出て行ったり，いろいろな姿勢をとるようになりました。戸外では砂や小石をつまみ，土の感触を楽しみ，両手をつかうことが多くなってきました。指さしやことばで担任やお母さんには抱っこを要求し甘えるようになり，人見知りもはっきりあります。いろいろな玩具に興味は示しますが，友だちが遊びだすと手を引っ込めてしまいます。」（9月，10月－

7章　障がいのある乳児の保育

10か月，11か月の様子）。

　ここでは約半年間の実践のまとめであるが，Ａちゃんの発育していく様子が理解できるかと思う。保育は個々の状況を分析し，課題を見出し，実践していく過程であることが，この実践を通して伝わってくる。

（2）実践事例２－Ｋ男

　次に取り上げる事例は，Ｔ保育園（認可保育園。定員 160 名）の実践である。

　Ｔ保育園は 1975（昭和 50）年に開園したが，その２年後から障がい児保育に取り組んでいる。当初はダウン症・脳性まひ・情緒障がいのある子どもが主に入園してきたが，最近は自閉症スペクトラム症の子どもが多い傾向にある。

　Ｔ保育園で特に触れなければならないのは「医療的ケア」を必要とする子どもの保育への対応である。「医療的ケア」を必要とする子どものほとんどは，医療現場での生活時間が長く，その後に在宅ケアとなり，母親の就労などの事由により保育園と出会った子どもたちである。子どもの現状により発達年齢クラスで受け入れることが多い。「医療的ケア」は看護師がいなければできない保育であるので，どこででもできる環境にはないが，その保育需要は高い。周産期医療の発達により，助かる命は増えている。経鼻管栄養や吸引，腸管栄養，導尿などの医療行為を保障できる体制にあれば，発達年齢クラスである乳児保育から第一歩を始めることが多い。事例に紹介するＫ男は「医療的ケア」は必要ないが，重度の障がいがあるお子さんで，ゼロ歳児を過ぎた児童であるが，乳児保育のクラスに入った。

事例７－２

　Ｋ男は７月，１歳１か月で乳児保育のクラスに入園した男児である。障がい名は水頭症・発達遅滞と診断されている。妊娠７～８か月で水頭症が分かり，生後５日目でシャントの手術を受けた[*]。生後３か月のときに腹部の手術を受けている。約半年，病院生活を送り，その後在宅で過ごしたお子さんである。入園時の状況は首の座りが獲得されず，通常生活は仰向け姿勢で，うつぶせ時はクッションを使用する。無呼吸症候群とも診断され，家庭では月１～２回程度酸素吸入をしている。

　保育園では午睡時の呼吸チェックは欠かせず，保育者は常時そばにいることにした。頭部にシャントが入っているため，磁気は厳禁である。ミルクはピジョンＹカットを使い，一回の哺乳は 160～200cc である。食事は初期食でおかゆと他はペースト状にする。布おむつは嫌がらないので使用したが，便秘がちで，そのときは家庭で浣腸を行った。

　入園時のＫ男の観察では①自分の気持ちの表し方では「不快は泣いて訴えることができるが，保育者の声かけには反応しない」，②集団行動では「他児童への注意は見られないが，集団に入ることはできる。大人へ何かを求める姿は見られない」，③遊びでは「触れ遊びを嫌がる様子はないが，反応は少なく意欲につながる様子は

＊水頭症で脳室に脳脊髄液がたまるのを防ぐため，お腹や胸などと脳室をチューブでつないで排出できるようにする手術。排出時のバルブ圧を，専用の磁石で調整する装置を使用した場合は，近くに強い磁石があると影響を受けてしまうため注意が必要となる。

見られない」，④身体状況では「首が座っていないため，たえず後頭部側の支持は必要。座位は保育者の保持があってできる。下肢を動かすことはない。追視や首を向ける行為は見られない。着脱・清潔面は全面介助。排尿・排便を訴えることは無い」などの特徴が見られた。

　このようにかなり障がいが重い子どもであったが，入園を受け入れた理由の一つは母親の就労があったためである。障がいのある乳児の保育の受け入れは，その子ども自身の生活や遊びに「心地よさ」を感じる体験を増やすことにあるが，なによりも子ども自身の生活を真に支えている保護者の（特に母親の）就労の保障も大事な要件である。

（K男への具体的方法）

　K男の個別計画のなかで大事にしたことは，「心地よい安定した保育園生活」を送ること。生活，遊びを通して，担任との愛着信頼関係を築く。名前を呼ばれて，顔や視線を向けられる。

　「心地よい安定した」とは日々登園できるということである。そのためには健康的な生活をおくることが必要だ。幸いに体調を崩すことなく登園できたので，園生活に慣れることができた。入園当初は，母子分離で泣きが見られるとともに，眠い状態も続いた。そのため午前寝が十分できる時間をとった。入園後2週間が経過したころから，吊りおもちゃに初めて笑顔をみせた。家庭での好きな遊びを聞き，“げんこつ山の　たぬきさん”を歌うと笑い，好きな歌が増えていった。また徐々に体を触られることが嫌でなくなり，“針に糸を”などのくすぐり遊びにも笑顔が増えてきた。そして慣れた保育者であれば顔を近づけても泣かなくなり，ミルクも，よりたっぷりと飲めるようになってきた。入園後2か月で呼びかけに視線を向けるようになり，上半身の左右を動かすことが増えた。心地よく過ごせていることが表情から分かり，反面（「嫌」「不快」）の泣きは強くなってきた。入園後3か月で（いただきます）の「おてて，ぱっちん」が大好きで，この言葉を聞くと，両手を口元にもっていく。絵本「あっぷっぷ」が好きで言葉のリズムが心地よさそうで，絵に視線を向ける。同じ場面で必ず（声を出して）笑顔になる。ここで大事なことはK男と保育士の一対一対応でないということである。クラスのみんなで絵本を見る・聞くというなかに笑いの連鎖が生まれ，K男もそれに誘われたと言えよう。

5.　障がいのある乳児の保育において必要なこと

■ 「存在を認める」「存在を喜ぶ」

　障がいのある乳児にとって必要なことは，他の乳児を受け止めるときと同じように受け止めることである。それには可愛い赤ちゃんとして，まず「抱っこ」す

るところから始めることである。

　鯨岡峻の「養護」を思い出してみよう。鯨岡は「養護」の意味として「存在を認める」「存在を喜ぶ」を挙げている。障がいのある乳児の子どもとの出会いで，その「存在を認める」，そして「存在を喜ぶ」ことがまず最初である。

　障がいのある乳児の保育は，生まれたばかりの一人の子どもがたどる道筋と同じである。障がいによっては時間的な凸凹ができるかもしれない。人の赤ちゃんにとって必要なことは，障がいのある乳児にも共通である。まず語りかけよう。周囲の大人の語りかけが何よりも刺激になる。

　食は口から摂れることが目標である。哺乳期から離乳期へのプロセスでうまく飲めない，食べられないことが多いが，口の感覚を養うことがまず大事である。舌でスプーンを押し出すのは，まだ「受け入れる」という姿勢ができていないからである。

　そしてなによりも必要なのは，保育者がその子どもにとって安心できる存在であることである。それは心も身もよせることができる，そのような存在である。毎日，その大好きな先生が保育園で待っている，これが障がいがある子どもの「居場所」となるのだ。

第**8**章

乳児保育における子どもの心身の健康・安全のための配慮

〈学習のポイント〉 ①子どもの発達と事故との関連について考えてみよう。
②職員間，保護者，地域などの連携の必要性について理解しよう。
③ヒヤリ・ハット報告書，安全管理について理解しよう。

1. 子どもの発達と事故

1 子どもの事故の特徴

　子どもの事故は，小児期の死因順位の第1位を占めている。0歳を除く1〜14歳の子どもの死亡原因の上位を占めているのは，不慮の事故である。子どもの事故は，身体に比べて頭が大きく平衡感覚が未熟で筋力が弱いなどの身体的特性から死亡に至らなくても，重大な後遺症を残す場合がある。子どもの事故における年齢別特徴として，乳児期前半は養育上の不注意から受ける受身の事故が多い。乳児期後半は，いろいろなものに興味をもち，位置の移動ができることによる危険物の増加によるものが多い。幼児期前半は，危険を判断する能力の未発達による事故が多い。

　子どもの性質や特徴との関連をみると，消極的な子どもは受身の事故に遭遇しやすく，勇敢な子どもや情緒的に興奮しやすい子ども，乱暴な子ども，落ち着かない子どもは自分の行動による事故を起こしやすい。子どもの心身の状態を踏まえつつ，施設内外の安全点検に努め，全職員の共通知識や体制づくりを図る必要がある。また，家庭や地域の関係機関と連携し，不測の事態に備えて協力を得られるように努める。

表8-1　子どもの死因

年　齢	第1位	第2位	第3位	第4位	第5位
	死　因	死　因	死　因	死　因	死　因
0歳	先天奇形等	呼吸障害等	乳幼児突然死症候群 (SIDS)	出血性障害等	不慮の事故
1〜4歳	先天奇形等	不慮の事故	悪性新生物	心　疾　患	肺　　炎
5〜9歳	悪性新生物	不慮の事故	先天奇形等	心　疾　患	肺　　炎

資料）平成27年「人口動態統計」厚生労働省

❷ 0・1・2 歳児の事故状況の傾向と特徴

（1）年齢別件数と危害の程度

　1歳児の事故が最も多く，0～2歳児全体の4割を超えている。0・1・2歳児のなかでは，1歳の事故は最も多く，0～2歳の約42％を占めている。次いで2歳が約30％，0歳が約28％と続く。また，事故の93％は軽症であるが，0歳児，1歳児では重篤・死亡事故も発生している。3歳未満児での死亡事故のほとんどが睡眠中に発生しており，次いで食事中に起きている。要因別では突然死が71.9％次いで窒息死が25.0％であった。

（2）事故の傾向

　事故の傾向としては「転落」「転倒」「誤飲・誤嚥」が多く，発達との関係も見られる。

　1人で歩ける1歳は行動範囲も広がり，ベッドの中で大半を過ごしていた0歳とは事故のきっかけが異なってくる。2歳になると，不安定ながら歩く速さが増したり，さらに行動範囲が広がったりするためか，転倒事故の割合が増えるなど，事故の傾向に変化が見られる。

　1・2歳では，自ら歩行するなど行動範囲が広がるためか「階段」「いす類」からの転落が上位である。さらに2歳になると，「遊具」からの転落も増えてくる。「転落」による危害症状の大多数は「擦過傷・挫傷・打撲傷」だが，なかには「骨折」や大人用ベッドと壁とのすき間に挟まり窒息しかけたケースも見られる。

　危害の程度は「軽症」の割合が多く，けがの大半は「擦過傷・挫傷・打撲傷」「刺傷・切傷・裂傷」である。

　0・1歳児は，歩行が不安定なためか，転んでテーブル等にぶつかり，けがをしたケースが目立ち，さらに月齢でみると7か月から増え始める。また，0歳では「ベビーカー」に乗っていてベビーカーごと転倒したケースも見られる。1・2歳では，「自転車」による転倒が増え，子どもを乗せていて転倒し頭を打ち「中等症」に至る事故も見られる。

　誤飲したものや，体内でとどまった部位によっては，入院を要することもある。0・1歳では「電池」，「タバコ用品」，2歳では「他の医薬品」，「電池」が上位である。「他の医薬品」は，年齢が上がるにつれて割合が増えてくる。また，「電池」はボタン電池が目立つ。その他，「遊んでいたシールを飲み込んでしまった」「ペットボトルのフィルムをはがして口に入れた」「ペットのトイレ用の砂を飲んだ」等，大人だけの生活では想像しにくいものを口に入れたケースが見られ，「重篤」に至ったケースもある。

（3）保育施設による事故

　事故が起こりやすい時期は，生活習慣が変化しやすい時期である。新しい環境

に入り始めの入所時期，月別では，6月が最も多く，次に5月と7月が同率である。曜日別では，金曜日の事故がやや多い。夏・春などの長期休暇明けや月曜日などは，家庭での生活環境から切り替えができなかったり，疲れが見られたりすることがあるので注意が必要である。時間別では，10〜11時間ごろと16〜17時間ごろに多い。最近では，延長保育の場合は18時ごろも多くなってきている。事故の発生場所「保育中」における「園舎内」と「園舎外」でほとんど発生しており，その多くは保育室で起こっている。事故による傷害部位は，眼部，肘部，歯部に続いて，頭部が多くなっている。部位のうち大項目でみると「頭部」及び「顔部」で全体の約6割を占めている。

(4) 事故の潜在的危険要因

①周囲の環境

・遊び場・住環境…道路で遊ぶ，ベランダからの転落，薬物，空地の危険物，壊れたままの遊具など。

・自然環境・地域性…側溝，池や川，倒木や崖くずれ，屋根雪やツララなど。

②発達・行動

・運動機能が未発達。筋力が弱い，皮膚が薄い，重心が高い位置にありバランスが悪い，気道が狭いなど。

・危険の理解・予知と危険回避が未発達。

・経験も乏しく，知識も不十分。

・トンネル現象…今やっていることに集中する一方，突然に興味が変わる。

③心身の状態

・体調が悪く元気がない，逆に興奮している，病気で熱がある，疲れている，ぼんやりしている，叱られてしょんぼりしている，あわてている，怒っている，はしゃいでいるなどのときに事故が発生しやすくなる。

④服装

　衣服の他，装飾品，履物，持ち物などが不適切な場合も含む。例えば着ふくれていれば動作が緩慢になりやすい。首にかかったペンダントなどのひもはひっかかりやすい。フードつきの服やヒモつきのズボン，ファスナー，ビーズやスパンコールの飾り，長すぎるズボンやスカートなども危険である。

2. 安全対策

　安全対策は，安全管理と安全教育である。**安全管理**は，施設環境を整えること

を始めとして，4つの潜在的危険要因を少なくするように管理する事である。**安全教育**は，4つの潜在的危険要因について保育者，保護者や子どもに対して教育し，自分から事故防止に努めることや危険にあったときに身を守る訓練をすることである。

１ 安全管理

○転落

1．ベッドの柵は必ず上げて使用する。

2．おむつ交換するときは，子どもから目を離さない。

3．ひとりでソファに寝かせない。

4．椅子で遊ばせない，椅子に座らせるときは安全ベルトを着用する。

5．階段や段差があるところには柵などをつけて，ロックすることを忘れない。

6．ベランダや窓の近くには，箱や家具などの踏み台になるようなものを置かない。

7．抱いたまま転倒しないように，足元に気をつける。安定した靴を履く。

8．前抱きの場合，前にかがむ動作のときは，必ず子どもを手で支える。

○挟む・切る・打撲・その他

1．ベビーベッドの棚，マットレス，式布団の間に隙間を作らない。

2．子どもの周囲に鋭い家具，玩具，箱などがないか確認し片づける。

3．ドアのちょうつがいに，すきま防止カバーをするなどし，子どもの指を挟まないようにする。ドアの開閉時には，子どもが近くにいないことを確認してから閉める。

4．床の損傷，凸凹がないか確認する。

5．家具類の角には，ぶつかったときの衝撃を和らげるような工夫をする。

6．子どもの周りには，ハサミ，カッター，破損したおもちゃなどを置かない。

7．子どもが口にも物（おもちゃ，スプーンなど）をくわえて歩かないように注意する。

8．子どもが引き出しやドアを開け閉めして遊ばないようにする。

○窒息・誤飲

1．敷き布団は，硬めのものを使用する。

2．寝かせるときは，あお向けに寝かせる。時間ごとの午睡チェックを怠らない。

3．ビニール袋，紙，紐，携帯ストラップ，ゴム風船などは，子どもの手の届かないところに保管する。

4．寝ている子どもの顔の近くに，口や鼻を覆ったり，首に巻きついたりする

◎グループで話し合おう！
保育室の危険個所について，年齢ごとに考えてみよう。

ものは置かない。（タオル，衣類，ぬいぐるみ，よだれかけは外してから寝かせるなど）

5．授乳後は，排気をさせてから寝かせる。

6．子どもの発達に合わせて，食べ物の大きさや量などを工夫する。また，窒息・誤飲に繋がりやすい食べ物の形や性質に注意する。①弾力があるもの（こんにゃく，キノコなど）②なめらかなもの（熟れたメロン，豆類など）③球形のもの（プチトマト，ブドウなど）④粘着性が高いもの（餅，白玉団子など）⑤固いもの（えび，いかなど）⑥唾液を吸うもの（さつま芋，パンなど）⑦口の中でバラバラになりやすいもの（ひき肉，ブロッコリーなど）の食材がある。

7．おもちゃの部品，小さいお菓子など直径38mm以下のものは危険なので注意する。

8．医薬品，洗剤，ボタン電池などは，子どもの目に触れない場所や，手の届かない場所に保管する。

9．保護者への協力を求める。入園式，保護者会，懇談会，おたよりなどで定期的にひもやフード，ファスナーなどの付いた服を避けるように呼びかける。

○熱傷

1．高温の飲み物や汁物を扱うときには，子どもの手の届かないように注意する。

2．テーブルクロスやテーブルマットは，子どもが引っ張ってその上に載っている容器を倒す原因になるので使用しない。

3．電気ポットは，お湯が出ないように必ずロックして，子どもの手の届かない場所に置く。電気ポットのコードを引っ張って熱湯をかぶらないように工夫する。

4．床に置くタイプの暖房器具は，子どもの手が届か似ように安全柵などで囲う。加湿器の蒸気による熱傷にも注意する。

5．子どもを抱いたまま熱いものを扱わない。

○水まわりの事故

1．洗面器，バケツ，子ども用プールなどに水をためたまま放置しない。

2．ため池，排水溝，浄化槽，用水路，小川などで，転落したり溺れたりしないように，危険な場所は，確認し対処する。

3．水遊びをするときは，必ず保育者が付き添い十分注意する。監視を行う者とプール指導を行う者を分けて配置する。

4．沐浴やシャワー，プール中は，子どもから離れない。

○自動車事故

1. 散歩などでは，子どもが道路に飛び出さないように十分注意する。
2. 短時間でも，車の中に子どもを残しておかないようにする。（熱中症の危険）
3. 子どもは，後追いをすることがあるので車の近くにいないか注意する。

資料）厚生労働省：平成28年「教育・保育施設における事故防止及び事故発生時の対応のためのガイドライン」
「上尾市立保育所危機対応要領　資料編」を改変

2 安全教育

　安全教育は，子ども自身の理解力や認知の状態を考慮しながら，継続的に進める。子ども自身の注意を喚起し，学習する機会をつくり，自ら危険状態に陥らない，近づかないための対策を徹底する。開始時期に配慮するとともに，繰り返し行うことによって習慣化し，危険を反射的に察知し対応できるようにする。日頃から，遊びを通して心身の能力を高め危険を回避できる力を育てていく。生活のなかで経験を与え，「自分の身は自分で守る」という意識を幼い頃から身につけさせる。

　災害などから子どもの安全を確保するためには，研修や避難訓練を通して職員の資質の向上を図る取り組みや緊急時の対応について確認しておくことが重要となってくる。避難訓練として，防災訓練や防犯訓練，保護者への引き渡し訓練を定期的に行う。万が一に備え，防災マップや緊急時の対応の具体的な内容，手順，役割分担などのマニュアルを作成しておく。災害に備えた環境づくり，非常用持ち出し用品や備蓄品の点検も定期的に行う。子ども達の心のケアについても考えておかなければならない。

> ◎グループで話し合おう！
> 非常用持ち出し用品の内容について防災マップを作ってみよう。
> 1. 非常用持ち出し用品の内容
> 2. 防災マップ

【標語を活用しよう】
- 地震や火災から逃げるときの約束「おはしもな」
  - お：押さない
  - は：はしらない（かけない）
  - し：しゃべらない
  - も：もどらない
  - な：泣かない
- 犯罪に合わないための約束「いかのおすし」
  - いか：行かない
  - の：乗らない（知らない人の車に）
  - お：大きいな声を出す
  - す：すぐ逃げる
  - し：しらせる

【地震の避難訓練】
「ダンゴムシのポーズ」

子どもたちが安心して，安全に遊べる環境を提供するためには，リスクマネジメントを行い，職員間で情報を共有して事故を未然に防ぐことが重要となってくる。リスクマネジメントとは「人はミスを侵してしまう存在」ということを前提に，事故を未然に防いだり，不幸にも事故が起こったときの適切な対応を考え，備えておくことを目的として行われる一連の取り組みである。

リスクマネジメントは，「リスクの把握」「リスクの分析」「リスクへの対応」「対応の評価」という流れで進められる。人はどんなに万全の安全対策を講じてもミスをしてしまう。即ち，事故が起こる可能性は必ず存在するものとして，その発生を防ぐため，最大限の努力が必要になってくる。その発生防止のデータベースとなるものが，ヒヤリ・ハット報告書である。

ヒヤリ・ハット報告書（またはインシデント報告書）とは，園児に被害はないが，一つ間違えば大きなケガにつながる「ヒヤリ」としたり「ハッ」としたりといった経験を記録することである。ヒヤリ・ハット報告書には，事故発生以前の気づかれていない危険因子を明らかにして，事故発生そのものを無くしていこうとする重要な意義がある。その根拠として，「ハインリッヒの法則」が使われる。

「ハインリッヒの法則」とは，50万件の労働災害の事例を分析した結果，導き出されたもので，「1件の重大災害が発生する背景には29件の軽症事故があり，さらにその背景に300件のヒヤリ・ハットがある」という経験則である。

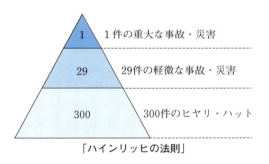

「ハインリッヒの法則」

ヒヤリ・ハット報告書は，300件のニアミス事故を早い段階で把握・分析し，適切な安全対策を講じることにより，1件の重大な事故と29件の軽微な事故を未然に防ぐことになる。日常のなかで，事故までに至らなかったが「ヒヤリ・ハット」した事例をその当事者だけでなく，関係者間で見直しておくことが大変重要であり，この「ヒヤリ・ハット」を減らすためには，「ヒヤリ・ハット」した事例を分析する必要がある。分析する手法の一つに航空分野で生まれて医療現場で使われている「SHELLモデル」といわれるものがある。

SHELLモデルの分析法は，S（Software　マニュアル，研修，職員配置，規則等），H（Hardware　機器や機材，設備，施設の構造等），E（Environment　環境，教育・保育の状況等），L（Liveware　担当保育教諭・幼稚園教諭・保育士の状況等），L（Liveware　子ども・保護者等）の要素に分けて，事故内容の要因を分析する方法である。

ヒヤリ・ハット報告書例

ヒヤリ・ハット報告書

報告者		報告日		年 　　月 　　日	
いつ	年 　月 　日 （ 　）		時間 　　時		天候
どこで （発生場所）					
だれが （子ども，職員， 保護者，その他）					
なにをしたのか （状況・結果・対応）					
それはなぜ起きたか （原因と原因分析）					
どのようにしたか （対策・改善点）					

著者作成

◎書いてみよう！
教科の事例を参考に，ヒヤリ・ハット報告書を書いてみよう。

事例8－1

ヒヤリ・ハット事例1：0歳11か月児　本児のズボンのボタン

　着用していた衣服のボタンが取れ，口に入れていた。口に入れていることに気づき保育士が指を入れて取り出したので，大事に至らなかった。

ヒヤリ・ハット事例2：0歳10か月児　リンゴ16分の1

　リンゴを食べていて急に苦しそうになり，一瞬，チアノーゼになった。背中をトントンしたが何もでなかった。救急車で病院へ。肺にしっかり空気が通っているので「異常なし」との診断であった。

資料）保育所におけるリスク・マネジメント　ヒヤリ／傷害／発症事例報告書兵庫県・公益社団法人兵庫県保育協会（平成26年3月）を参考に改変

事例8－1

事故事例：1歳児

12：25 本児は，給食後，午睡用布団が入った押し入れの側で床に座り絵本を見ていた。保育士が本児の姿を見ながら午睡用の布団を敷くために押し入れの戸を開けると，戸が外れ押し入れ側に座っていた本児の左足の小指に落下。本児は大きな泣き声をあげ，左足の小指が切れ出血していた。保育士はすぐ傷口を押さえ止血したが，すぐに血は止まらなかった。

12：40 報告を受けた主任保育士が病院搬送の手配をし，担当保育士は傷口をガーゼで覆い，事務職の運転で病院に運ぶ。

13：00 足の指の裂創は，傷が深いことと年齢を考慮して全身麻酔で縫合し1日入院となる。

43日後　完治

資料）内閣府：特定教育・保育施設等における事故情報データベース（平成28年3月）より作成

事故発生の要因分析例

要因	分析	再発防止の改善策
S （マニュアル，研修，職員配置，規則等）	保育室の危険個所の見直し，点検を行った後職員間で，話し合いを行っておらず，職員間の周知が不十分だった。	保育室，遊戯室など園内外の点検箇所の見直しを行い，点検を実施する。点検結果と改善点を職員会議で話し合い，記録を残し職員に周知を行う。
H （機器や機材，設備，施設の構造など）	押し入れの戸の溝が浅く，強い力が加わると外れる危険性があった。	溝の浅い押し入れの戸の前に，戸が外れても落下しないよう枠を付ける。
E （環境，教育・保育の状況等）	午睡準備は児童が好きな場所で自由に遊んでいるときに行っていた。戸の側に児童がいることもあった。	午睡準備の前に遊んでいたものを片づけ，午睡準備は子どもが側にいない状態で行うようにする。
L （担当保育教諭・幼稚園教諭・保育士の状況等）	午睡準備で押し入れの戸を開けるとき，側にいる児童に対する配慮が不十分だった。	午睡準備で押し入れの戸を開ける際は，側に子どもがいないことを確認して行うようにする。子どもを集めて見ている保育士と，片づける保育士と担当を分ける。
L （子ども・保護者等）	特に問題なし	午睡の準備中は，安全な場所で過ごすように指導する。

資料）内閣府：特定教育・保育施設等における事故情報データベース（平成28年3月）を参考に改変

3. 保護者との連携，地域との関わりの重要性

　保護者には，日ごろから連絡を密にし，入園式，保護者会，懇談会などを通して，防災意識を高め，災害時の緊急連絡先や保護者への引き渡し方法について細かく確認しておく。

　災害時は，家族や地域の人など保育者以外の力を借り，子どもの安全を守る必要が生じることがある。そのため，常日頃から地域とのコミュニケーションを積極的にとるようにし，いざというときの協力・援助を依頼しておく。地域の人とのコミュニケーションは，いざというときに助けてもらえるだけでなく，日常的に様々な情報が得られ，防犯・防災に備えることにつながる。特に災害時など気にかけてもらえるようにしておく。

　子どもを連れて散歩や公園へ出かけるときに，子どもとともに近所の方々に挨拶をし，顔を覚えてもらう。園の行事に地域の方々を招く，町内会の避難訓練の

行事にも参加するなどにより，つながりをもつことが大切となってくる。

【参考文献】

　厚生労働省「保育所における感染症対策ガイドライン　2018 年度改訂版」

　厚生労働省「人口動態統計」2015

　内閣府「特定教育・保育施設等における事故情報データベース」2016

　厚生労働省「教育・保育施設における事故防止及び事故発生時の対応のためのガイドライン　保護者や地域住民等，関係機関との連携」『家庭的保育の安全ガイドライン（NPO 法人家庭的保育全国連絡協議会作成）』2016

　内閣府「教育・保育施設等における事故防止及び事故発生時の対応のためのガイドライン」2016

　消費者庁「子どもを事故から守る事故防止ハンドブック」2017

　日本スポーツ振興センター「学校の管理下の災害」（平成 28 年度版）

　兵庫県・公益社団法人兵庫県保育協会「保育所におけるリスク・マネジメント　ヒヤリ／傷害／発症事例報告書」2014

第**9**章

乳児の食育と保育
－3歳未満児－

〈学習のポイント〉　①乳児の食育は日々の保育のなかでどのように展開されるか考えてみよう。
②月齢，年齢に応じた食事の内容について理解しよう。
③特別な配慮を要する乳児への対応について理解しよう。
④食育による保護者支援について考えてみよう。

1. 乳児の食育

1 食育の目標

　近年の食をめぐる問題より，2005（平成17）年に「食育基本法」が制定された。それを踏まえ「保育所保育指針」（2018〈平成30〉年）では，「第3章　健康及び安全」において，前回改定に引き続き「食育の推進」が明記された。食育の目標については，「保育所における食育では，健康な生活の基本としての「食を営む力」の育成に向け，その基礎を培うことを目標とする」と示している。

（1）乳児の食育における養護と教育の一体性

　食育の取り組みは，保育と同様に養護と教育が一体となって展開される。

　養護と教育については，「保育所保育指針」において，「保育における『養護』とは，子どもの生命の保持及び情緒の安定を図るために保育士等が行う援助や関わりであり，『教育』とは，子どもが健やかに成長し，その活動がより豊かに展開されるための発達の援助である」としている。

　また，養護と教育を一体的に展開することとは，「保育士等が子どもを一人の人間として尊重し，その命を守り，情緒の安定を図りつつ，乳幼児期にふさわしい経験が積み重ねられていくよう丁寧に援助することを指す」と「保育所保育指針解説」で説明している。

　さらに，「保育所保育指針」では乳児期の教育のねらい及び内容を，「健やかにのびのび育つ」「身近な人と気持ちが通じ合う」「身近なものと関わり感性が育つ」の3つの視点からまとめ，養護と教育の一体性を意識することを強調している。

（2）養護と教育を一体的に展開する乳児の食育

　養護と教育を一体的に展開する乳児の食育について例を挙げると，保育者が授乳の場面で，「おなかがすいたね」「ミルク飲もうね」と子どもをやさしく抱き，

ほほえみかけ，言葉をかけながらゆったりと接する。また食事の場面で，「食事の時間ですよ」「いただきます」と声をかけ食事が始まり，和やかな雰囲気のなかで，「おいしいね」「楽しいね」とやさしく言葉をかけ食事を楽しむ。食事が進まない子には，「おいしいから食べてみようか」と励ましながら口に入れ，「おいしいね」と声を添える。この関わりで，授乳や食事により生命が保持され子どもの情緒の安定につながる。また，空腹等の不快な状態を汲み取ってもらい，お腹が満たされ心地よくなる経験で，保育者や周囲に対する信頼感が育つ。その信頼感により，子どもが働きかけに応えたり，自ら働きかけを行ったり，人間関係の構築につながるのである。

乳児の食育は，保育者がこの時期に必要な栄養と食行動の発達を知り，子どもの食事に十分配慮した食生活を考え，食事場面での関わり方に細かく配慮して行われるものである。

2. 乳児の成長・発達と栄養

乳児期の栄養は，生命維持，生活活動に必要なエネルギーや栄養素の補給に加え，成長・発達にも重要な意味をもつ。乳児期の身体的発育は，出生から1歳までに体重はおよそ3倍，身長はおよそ1.5倍と増加がめざましいとともに，各器官の発育や運動機能，精神の発達も著しいという特徴がある。そのために，体重1kgあたり成人の2〜3倍と多くの栄養素を必要とする。また，器官や機能の発育や発達には決定的に重要な時期が存在し，その時期に必要な栄養素の種類や量が不足すると発育や発達に影響し，のちに補っても取り戻せないこともあるので注意が必要である。

3. 乳児の食生活（0〜2歳）

0歳から2歳の食事は，乳汁から始まり，離乳食，幼児食へと移行していく。この時期，特に0歳児は個人差が大きいため，一人ひとりの子どもの状態に即した食事のあり方を細かく考えなければならない。保護者と保育士，看護師，栄養士，調理師の緊密な連携のもと，すすめることが必須である。

2 乳汁栄養

（1）母乳栄養

　母乳栄養は，①感染症の予防効果，②消化吸収率が高く代謝負担が少ない，③母子関係が良好に形成される，④出産後の母体の回復促進，⑤安全，衛生，簡便，経済的等の利点があり，母乳で育てたいと望む割合は93％*に達している。

*厚生労働省「平成27年度乳幼児栄養調査」

　母乳栄養の乳児の保育を行う際，母親の意向を尊重し母乳が続けられるような受け入れ体制と支援が必要である。母親の来所が可能であれば直接授乳してもらう，希望があれば冷凍母乳の受け入れ，それに加え，送迎時にゆったり授乳ができるようなコーナー等の提供も求められる。

①冷凍母乳の取り扱い

- **受け入れ**：一日分を預かる。名前，日付，時間，量を確認。
- **保存**：受け入れ後すぐに冷凍庫（−20℃）で保管。
- **解凍**：流水解凍，冷蔵庫内での自然解凍，ぬるま湯（30℃〜40℃）に浸けての解凍（20分以内に行う）。
- **解凍後の保存**：解凍後は冷蔵庫に保存し24時間以内に使用する。
- **加温**：授乳前に室温〜人肌程度に温める（37℃未満）。
- **留意点**：電子レンジ，熱い湯は使用しない（母乳中の感染抑制物質の成分の一部が変化するため）。解凍したものを再冷凍しない。飲み残しは捨てる。

②授乳の間隔と回数

　授乳の間隔は，乳児が空腹を訴えたときに与える「自律授乳」という方法が基本となる。乳児は飲みたい欲求に応じてくれることで，欲求を満たす心地よさを味わい，心の安定が得られ食欲を育んでいく。授乳を通して母親（保育者）と子のスキンシップが図られるように，しっかり抱いてやさしく声をかけ温かいふれあいを行うことが大切である。

　「自律授乳」を行ううえで大切なことは，乳児の要求を母親（保育者）が正しく判断し，乳汁不足にならないように気をつけることである。およその授乳間隔と回数は，生後2〜3か月ころは3〜4時間おき5〜6回くらい，その後は4時間おきに5回くらいになり，夜間の授乳はだんだん減ってくる。一日の哺乳量，機嫌，体重の増加等，子どもの健康状態全体を通して考えるようにする。

　一人ひとりに合わせた授乳を行うためには，家庭と保育施設が連続した生活のなかで授乳のリズムを調整していくことが重要である。

事例9－1：家庭とのやり取りで授乳のリズムが一定になったFちゃん（3か月）

　Fちゃんの連絡帳には，夜中も含め帰宅後の授乳回数の多さが書かれていた。H先生は，母親が疲れていると感じお迎えのときに家庭での様子を聞いてみた。家庭では，Fちゃんが泣くと空腹と判断し母乳を与えており，授乳のリズムが乱れているようだ。H先生は，保育所でFちゃんの泣く姿として，空腹以外にも抱っこを要求することが多いこと，抱いて優しく話しかけると満足し泣き止むことを母親に伝えた。それをきっかけに母親は，少しずつFちゃんの泣く理由を理解するようになり，授乳のリズムも整い夜中起きることも少なくなった。明るい表情で送迎する母親の姿が印象的であった。

（2）人工栄養

　さまざまな理由で母乳栄養を行えず，母乳以外の乳で乳児栄養を行うことを人工栄養という。人工栄養に使用される育児用ミルク等は以下のような種類がある。

①人工栄養の種類と特徴

1）乳児用調整粉乳

　母乳の代替品として，含まれるべき栄養素の種類と量的範囲が定められており，母乳に近い組成になるように工夫されている。

　また，乳性たんぱく質を消化されやすいペプチドにしたペプチドミルクもあるが，これはアレルギー専用のミルクではない。

2）フォローアップミルク

　牛乳の代替品として開発されたもので，牛乳に不足している鉄とビタミンを補給したものである。乳児用調整粉乳に比べると安価であること，9か月[*]から飲んでもよいと示されていることから，1歳未満で使用されることも多い。しかし，母乳や育児用調整粉乳の代替品でないために，離乳食の進み方等を考慮し，保護者と話し合いながら慎重にすすめる必要がある。

*フォローアップミルクの対象月齢の表示：
現在（2018年8月）販売メーカーにより対象を1歳からと表示しているものもある。

3）アレルゲン除去食品（アレルゲン除去ミルク）

　牛乳アレルギー児のためにアレルゲンを除去したミルクである。除去したアレルゲン以外の栄養成分の含量は，乳児用調製粉乳とほぼ同程度である。医師の指示により使用する。

　この他に医師の指示により使用するものとして，**無乳糖食品（乳糖除去ミルク）**，**低出生体重児用のミルク**，乳成分を使用していない**調整粉末大豆乳等**がある。さらに，2018年8月より**乳児用調整液状乳（乳児用液体ミルク）**の国内での製造，販売が許可されている。

②調乳法－無菌操作法－（家庭，少人数の保育所等で行う一般的な方法）

①手指の洗浄・消毒を行う。

②必要な乳児用調整粉乳量を正確に計り，消毒した哺乳瓶に入れる。

③一度沸騰させた70℃以上*の湯を，できあがり量の1/2〜1/3入れる。

④乳首とキャップをつけ，清潔なふきん等を使いやけどに注意し，哺乳瓶を軽く振り粉乳を完全に溶かす。

⑤できあがり量まで70℃以上の湯を注ぎ，乳首とキャップを付ける。

⑥流水や氷水で，授乳に適した温度まで冷ます（37〜40℃が適温）。

⑦乳児がやけどしないように，適温であることを確認する。

注：粉乳開缶後ふたをし，衛生的で湿気のない場所で保管し早めに使いきる。

注：飲み残し，調乳後2時間以上経過したものは捨てる。

*70℃以上の湯を使用する理由：
粉乳に菌が混入しても70℃で殺菌される。

③授乳の間隔・乳首の選択・授乳法

授乳の間隔は母乳と同様に「自律授乳」が基本となる。乳は10〜15分で必要量が飲めるように，乳児の月齢・哺乳力にあった乳首を選択し，キャップの締め具合を調節する。

授乳の際に保育者は，母親の気持ちになり乳児をひざ深く抱き，静かな環境のなかで落ち着いて授乳に専念することが大切である。優しい笑顔で乳児と目を合わせ話しかけながら与える。

事例9−2：担当保育士との信頼関係ができミルクを飲めたAちゃん（6か月）

入園してから2週間たったが，落ち着いてミルクを飲むことができないAちゃん。担当のT先生は，Aちゃんに優しく話しかけ，できるだけ近くで過ごし信頼関係を築けるように努力した。Aちゃんは小さな物音や他の子の泣き声でも不安になる。そこで，T先生は2人きりの静かなお部屋での授乳を試みた。Aちゃんは安心した様子でミルクを飲みほした。

事例9−3：授乳のときに気になる子への対応（職員会議より）

複数の保育士より，「授乳中に目が合わない子が増えているように感じる」と授乳中の乳児の様子を問題視する声が出た。目が合わない原因として，「スマートフォン等の使用により授乳の際に乳児に目が向いていないのではないか」「忙しい保護者が増え授乳の際に気持ちにゆとりがないのではないか」等が考えられた。保育所では現状を踏まえ対応策を検討した。①保育所の授乳では，目を合わせる喜びを乳児に感じてもらうために，落ち着いた雰囲気で優しく微笑みかけ目を見ながらの授乳を心がけることを再確認した。②保護者に対しては，授乳の楽しさ，大切さに気づいてもらえるような働きかけが必要であり，そのためには，保護者の状況を理解し気持ちに寄り添ったうえで，乳児の授乳中の可愛い姿，成長等を伝えることを心がけることとした。

3 離乳期における栄養・食生活

(1) 離乳の定義と必要性

　「授乳・離乳の支援ガイド」（2007〈平成 19〉年）によると，「離乳とは，母乳または育児用ミルク等の乳汁栄養から幼児食に移行する過程をいう」と定義されている。乳児の成長発達はめざましく，乳汁のみでは発育に必要なエネルギーや栄養素が不足するため，乳汁以外の食物からの栄養補給が必要となる。さらに，発達した消化機能を増強し，咀嚼・嚥下機能の発達を促し，味覚，嗅覚，触覚，視覚等を刺激し精神発達を促し，幼児期の正しい食習慣を確立するためにも離乳が必要となる。

(2) 離乳食の進め方の実際

①離乳の開始

　離乳の開始の目安の時期は 5 〜 6 か月ごろが適当である。首がすわる，支えてやるとお座りができる，食べ物に興味を示す等が発達の目安である。

②離乳食の進め方の目安

　厚生労働省「授乳・離乳の支援ガイド」（2007〈平成 19〉年）に示されている離乳食の進め方の目安を図 9 − 1 に示す。

③初めて食べる食品

　乳児は，離乳食の進行に伴い初めて食べる食品が増えるため，食物アレルギーに注意が必要となる。初めての食品を食べる場所は基本的に家庭とし，その後保育現場でも提供する。しかし，家庭で新たな食品の摂取が遅れることにより，乳児の離乳食の進行に影響が出ることも考えられる。離乳食を円滑に進めるために家庭との連携がより重要となる。

④食事の目安

生後 5，6 か月ごろ

　アレルギーの心配の少ない米粥から始める。新しい食品は 1 日 1 種類 1 さじずつ与え，乳児の様子をみながら量を増やしていく。慣れてきたら，じゃが芋，野菜，果物，さらに慣れたら，豆腐，白身魚等を与える。はちみつは，乳児ボツリヌス症予防のため満 1 歳までは使用しない。食後には母乳や乳児用調整粉乳を授乳のリズムに合わせ飲ませる。離乳食開始から 1 か月が過ぎた頃，1 日 2 回の離乳食とし，穀類，野菜，果物，たんぱく質性食品を組み合わせる。生後 6 か月以降，特に母乳栄養の場合，鉄が不足しやすいので，鉄を多く含む食品の使用を心がける。（表 9 − 1 参照）

生後 7，8 か月ごろ

　赤身魚，乳製品（ヨーグルト，塩分や脂肪の少ないチーズ等），脂肪の少ない鶏肉，豆類，卵黄（固ゆで）から後半には全卵が使用できるようになる。調味は

◎調べよう！
離乳の開始が早すぎたり，遅れたりした場合の影響について調べてみよう。

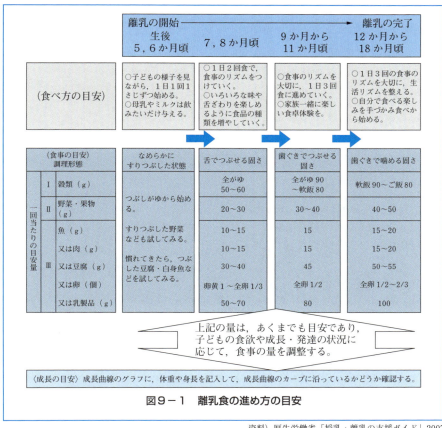

図9-1 離乳食の進め方の目安

資料）厚生労働省「授乳・離乳の支援ガイド」2007

表9-1 鉄を多く含む食品

動物性食品				植物性食品			
食品名	可食部100g当たりの鉄含有量(mg)	食品名	可食部100g当たりの鉄含有量(mg)	食品名	可食部100g当たりの鉄含有量(mg)	食品名	可食部100g当たりの鉄含有量(mg)
豚レバー	13.0	豚肉(かた赤肉)	1.1	きなこ	8.0	小松菜(生)	2.8
鶏レバー	9.0	きはだまぐろ	2.0	納豆	3.3	ほうれん草(生)	2.0
レバーペースト	7.7	かつお	1.9	豆富(もめん)	0.9	チンゲン菜(生)	1.1
牛肉(かた赤肉)	2.7	卵黄	6.0	調製豆乳	1.2	ごま	9.6

資料）「日本食品標準成分表2015年版（七訂）」より作成

だしを利用する等で行わないか，行っても薄味を心がける。食後には母乳または乳児用調整粉乳を与える。離乳食とは別に母乳は授乳のリズムに合わせ，乳児用調整粉乳は1日3回程度与える。8か月ごろからは手に持って口に運ぶことに興味を覚えるため，パンの耳，乳児用ビスケット，せんべい等，安全な食物を持たせて自分でやりたい欲求を満たすような配慮を行う。

生後9〜11か月ごろ

　青皮魚，赤身肉（脂肪の少ないもの）等多くの食品が使用できる。このころは特に鉄が不足しやすいので，鉄が多く吸収率の高い食品（レバー，赤身の魚や肉）を取り入れ，調理には牛乳のかわりに乳児用調整粉乳を使用する等工夫をする。調味する場合は食品のもつ味を大切にし，薄味を心がける。調理に油脂類を使用する場合は少量とする。食後には母乳または乳児用調整粉乳を与える。離乳食とは別に，母乳は授乳のリズムに合わせ，乳児用調整粉乳は1日2回程度与える。自分で食べたい気持ちも強くなる時期なので，つまんで口に運ぶ練習ができる形態，汚れてもいい環境づくりに配慮する。

> **事例9－4：自分でやりたい気持ちが強いEちゃん（9か月）**
> 　食欲旺盛なEちゃんは，食事のときに喜んで椅子に座るがスプーンを近づけると顔をそむけ嫌がる姿が多く見られた。Eちゃんの食事のときの様子として，食べさせてもらうことを嫌がりスプーンを持ちたがる姿があった。そのため，S先生と栄養士は自分で食べたい意欲が出ているのだと判断し，スティックの野菜，手づかみしやすい形態の物を提供することとした。その後，Eちゃんはこぼしながらも満足そうに手づかみを楽しんで食べるようになった。

> **事例9－5：大好きな先生の言葉がけで口を開けるMちゃん（8か月）**
> 　Mちゃんは，苦手な食品には口を閉じて横を向いてしまう。しかしI先生の，「これはおいしいのよ」の言葉で口を開け食べる。最初は好まない表情を見せるが，「食べられたのね」の言葉で笑顔になる。大好きな先生に褒められることで苦手な食品も頑張って食べることができるのである。

　食事を与える場合も，授乳と同様に保育者との信頼関係が大きく影響する。苦手な食品も，優しい笑顔と言葉で励ましながら食べられるように働きかける。嫌がる場合は無理強いせずに様子をみる。同時に，味，調理方法等の見直し，食生活のリズムの見直しを行う。

> ◎考えよう！
> 食事の場面での支援方法について考えてみよう。

12〜18か月ごろ（離乳の完了）

　形のある食物を噛みつぶすことができるようになり，エネルギーや栄養素の大部分が母乳または乳児用調整粉乳以外の食物からとれるような状態になると離乳は完了となる。

⑤成長の目安

　乳汁や食事の量の評価は，成長曲線のグラフに体重や身長を記入して，成長曲線にそっているかどうかにより確認する。体重増加がみられず成長曲線から外れていく場合や，成長曲線から大きく外れていくような急速な体重増加がみられる場合は，医師に相談して，その後の変化を観察しながら適切に対応する。

9章　乳児の食育と保育－3歳未満児－

４ 幼児食（離乳の完了〜２歳）

　幼児期は朝，昼，夕の３食と一日１〜２回の間食が必要である。この時期の消化器は未熟であるため必要な栄養量を３度の食事だけで満たすことは難しい。したがって間食を食事の一部と考える。献立は主食，主菜，副菜のそろったバランスのよい内容とする。和食中心に，不足しがちな鉄，カルシウムを取り入れ薄味を心がける。

　乳児期にはえ始めた乳歯は２歳ごろまでにはえそろうが，かむ力はまだ弱いため，かた過ぎるもの等は処理できないことが多い。１歳を過ぎる頃は自分で持って食べることに興味を示し，２歳ごろにはスプーンを使うようになる。また，この時期には仲間と同じものが食べたくなり一緒に楽しむようになる。

> **事例９−６：手づかみ食べの経験の少ないＯちゃん（１歳３か月）**
> 　入園してきたばかりのＯちゃん，家庭では汚すことを嫌がり手づかみ食べの経験はない。そのため食事が目の前に並んでも自分から手を出さず，保育士が食べさせてくれるのを待っている。さらに，手にごはん粒がつくと気になり取ってほしいと手を差し出して要求する。このように，入園当初は不安な表情で食事の時間を過ごしていたＯちゃんだったが，少しずつお友達のまねをして手づかみに興味を示すようになった。一月後，手づかみで大好きなブロッコリーをほおばるＯちゃんのたくましい姿があった。

4. 特別な配慮を要する乳児への対応

１ 疾病および体調不良の子どもへの対応

（１）乳児期の感染性下痢症

　軽症の場合は食事療法が中心となる。最も重要なことは脱水の予防であり，水および電解質補給に十分留意する。食事について，母乳栄養のときはそのまま続ける。人工栄養の場合，一般的な下痢のときは薄めずにそのまま続け経過を見る。下痢が長く続くときは，医師の指示により乳糖除去ミルクへ変更することもある。離乳期は，食欲がなければ一旦休止してもよいが，ほしがれば消化のよい物を与える。

（２）便秘

　便秘とは苦痛を伴う排便困難な状態をいい，排便回数にはこだわらない。特に乳児期の排便回数には個人差が大きく，栄養状態，体重増加が良好であれば毎日排便がなくても問題はない。しかし一般的に３日以上便通がない場合は食欲に影

107

響する。授乳期であれば哺乳回数，哺乳量，体重増加の状況を調べ必要量を与えているか確認する。離乳期以降，食事の進行状況に応じ食物繊維の多い食品，柑橘系の果汁，ヨーグルト等を与える。水分の不足に留意する。

② 食物アレルギーのある子どもへの対応

（1）食物アレルギーとは

　食物アレルギーとは，一定の食物によってアレルギー反応が起こり体に不利益な症状が現れることである。食物アレルギーの有症率は乳児期が最も高く年齢とともに減少する。食物アレルギーによって引き起こされる症状としては皮膚症状が最も多い。また，このアレルギーの約10％はショック症状を起こす可能性があり，保育現場での対応に十分な注意が必要である。

　食物アレルギーの多くは乳児アトピー性皮膚炎と合併している。そのため，アトピー性皮膚炎の乳児は，離乳食開始前に専門医を受診し正確な診断をつけてもらうように促すことが重要である。

　乳児から幼児早期の主な原因食物は，鶏卵，乳製品，小麦*であるが，学童期までに80〜90％が食べられるようになる。その他の原因食物として，魚卵，ピーナツ・ナッツ類，果物等がみられる。

（2）食物アレルギー児への保育施設での対応

　食物アレルギーの治療の中心は，原因とされた食物を除去することであるが，その除去が過剰とならないように，必要最小限の原因食物の除去を心がけることが重要である。念のための除去により，食物アレルギー児の発達や精神的な成長に影響を及ぼすことがないように気をつけなければならない。

①食物アレルギー児を受け入れる際の対応

　「保育所におけるアレルギー対応ガイドライン」（2011〈平成23〉年）で示されているとおり，主治医が記載する「生活管理指導表」等の提出を求める。その際，食物アレルギーの病型，アナフィラキシー**の経験の有無，原因食物，緊急時に備えた処方薬，生活上の留意点，緊急時連絡先等を確認する。さらに，保護者と面談を行う等の連携をとり十分に情報を交換する。職員間では，誤食の防止や症状が出現した際に的確な対応が行えるように，対応方針を全ての職員で共通理解し対応を行う。

②給食・間食提供時の対応

　献立の中に原因となる食物がある場合は，除去食（完全除去が原則）で対応することも多い。その際，代替食品を取り入れる等して必要な栄養が不足しないことを心がける。対応が困難で代替食品を提供できない場合は，保護者と話し合い弁当の持参を選択することとなる。

◎話し合おう！
誤食防止ための職員間での連携について話し合おう。

＊加工食品に含まれるアレルギー表示対象は27品目であるが，なかでも症例数が多いものと，重い症状を誘発する7品目については，表示が義務付けられる。

	特定原材料等の名称
義務（7品目）	卵，乳，小麦，えび，かに，そば，落花生
推奨（20品目）	あわび，いか，いくら，オレンジ，カシューナッツ，キウイフルーツ，牛肉，くるみ，ごま，さけ，さば，大豆，鶏肉，バナナ，豚肉，まつたけ，もも，やまいも，りんご，ゼラチン

＊＊アナフィラキシー：原因となる食物をとった後に，アレルギー症状が複数の臓器に現れる状態

除去食を提供する場合，調理の過程で原因食物の混入（コンタミネーション），誤配，誤食が起こらないように，アレルギー児専用の皿やトレーを用意，配膳時の声かけ等，十分注意する必要がある。また，隣の子の食物に手を出してしまうこともあるので，職員が隣に座り誤食を予防する。

保育活動で牛乳パックや小麦粘土等を使用する場合は十分注意が必要となる。

5. 食を通した保護者支援

> ◎話し合おう！
> 保護者が相談しやすい環境づくりについて話し合おう。

食に関する取り組みは，保育現場のみで行うのではなく保護者と連携を取りながら進めていくことが重要である。保育現場での取り組みの様子や意味を伝えることで，保護者の食への関心が高まり，家庭での食育が行われ，子どもの食に関する営みが豊になるのである。具体的な例としては，連絡帳や送迎時を利用して家庭での様子を把握したり，保育所での食事の様子を伝えたりする。献立表，食育だより，子どもが喜ぶ給食レシピの配布，給食のサンプル展示，給食試食会，食事の様子の見学等が挙げられる。保育所での給食試食会の事例を紹介する。

> **事例9−7：保育参観を利用しての給食試食会**
> 保育参観は，保育所の食に関する取り組みを伝えるよい機会となる。Y保育園では，離乳期の乳児は保護者に食事を食べさせてもらい，保育所での食事の形態，味付け，声かけの方法等をより理解してもらう。1～2歳児の保護者には，食事中の様子の見学，給食の試食会を行う。保護者からは，「家庭では食事中に立ち歩くが保育園では座っていて驚いた」「家庭では野菜を全く食べないが保育園で喜んで食べる姿に驚いた」「試食した献立を家庭でも作ると子どもが喜んで食べてくれた」等の声が多く聞かれる。

子育てにおいて食に関する不安・心配は決して少なくない。そのため相談しやすい環境づくりを大切にしたい。また，懇談会等を利用し保護者同士交流する場を設け，食に関する悩みや解決策を共有することも大切な保護者支援となる。

【参考文献】
阿部和子『演習乳児保育の基本』萌文書林，2016
板橋家頭夫『新生児栄養学〜発達生理から臨床まで〜』MEDICAL VIEW，2014
小川雄二『子どもの食と栄養演習（第4版）』建帛社，2017
公益財団法人児童育成協会『子どもの食と栄養』中央出版，2016
厚生労働省「授乳・離乳の支援ガイド」2007
厚生労働省「日本人の食事摂取基準」（2015年版）

厚生労働省「保育所保育指針」2018

厚生労働省「保育所保育指針解説」2018

厚生労働省「保育所におけるアレルギー対応ガイドライン」2011

食物アレルギーの診療の手引き 2017 検討委員会『食物アレルギーの診療の手引き 2017』2017

日本小児アレルギー学会食物アレルギー委員会『食物アレルギー診療 2016』協和企画，2016

第**10**章

乳児の保育相談とその方法
−基本的な考え方と事例−

〈学習のポイント〉　①保育相談とは何か，その背景や現状を理解しよう。
　　　　　　　　　　②乳児相談の内容とその具体的な方法，留意点について学ぼう。
　　　　　　　　　　③乳児期における保育相談の意義について理解しよう。

1. 保育相談への理解，その背景と現状

1 人が相談するということ

（1）出産の日

　初めて妊娠が分かり，不安と希望をもちながら日々を過ごすなかで，胎動を感じた瞬間にわが子という思いと，その子の「命」を知った日のこと。そして出産を経てわが子を自分が抱いたときの感動を，親は一生忘れないであろう。それはその子に障がいがあった場合でも同じである。障がいをもって生まれたわが子の出産の日のことを原広治はつぎのようなエピソードで書き綴っている[*]。「出産のときの状況を，妻は冷静に話してくれました。それに引き換え，聞いている私のほうは，母子共に無事であったという現実をしっていることもあって，どこか安心して聞けていたのですが，分娩室や手術室での妻の様子や医師や看護婦の動き回ったであろう情景を想像しても想像しきれないまま，胸の昂ぶりを抑えるかのように，ただただ無言で聞いているのが精いっぱいでした。医療の進歩が出産を安全なものにしている時代にあるとはいえ，それでもやはり，出産は大仕事だと改めて思いながら，生きて産まれてきてくれたことにだれ彼に対するわけでもなく感謝の気持ちでいっぱいでした。また，そのような混乱の場で1人でがんばってくれた妻を愛おしく思うとともに，昼過ぎの義姉からの電話を思い出し，そんな場に妻を1人で置いていたとことに申し訳なさがつのっていました」。

*原広治『障碍のある子とともに歩んだ20年』p.16，ミネルヴァ書房，2014

　この両親のもとに生まれた女の子は「えりか」と命名され，その後いくつかの壁を乗り越えてその人生を家族みんなで生きていく。「えりか」ちゃんの誕生から，お母さんは医師，看護師，夫，きょうだい，祖父母，保育者たちに相談し支えられながら，日々を過ごす。原さん家族はいわゆる三世代家族であり，それだけ相談相手も多い。

（2）目黒女児虐待事件

　その一方で，他と相談関係を断ち切り，社会から家庭が孤立するなかで生じる

111

悲劇がある。「虐待」である。ノートに自分の字で「もうパパとママにいわれなくてもしっかりとじぶんからきょうよりももっともっとあしたはできるようにするから　もうおねがい　ゆるして　ゆるしてください　おねがいします（後略）」と書き遺し衰弱死したのは5歳のYちゃんである。女児の死亡を巡る経過を見ると，2016（平成28）年8月に女児の泣き声が聞こえると香川県の児童相談所（以下「児相」）に通報，同年12月25日女児が自宅前に放置され翌26日に県の児相が一時保護。2017（平成29）年2月，県の児相が一時保護解除，県警は父親を傷害容疑で書類送検。翌月女児再び自宅前に放置され，児相が二度目の一時保護。5月に県警が再度父親を書類送検。7月児相が一時保護を解除し，保護者に「児童福祉指導」を決定。12月，父親は東京目黒区に転居。2018（平成30）年1月香川県の児相は「児童福祉指導」を解除。女児が母親と目黒区へ転居。1月下旬，香川県の児相は東京都の児相に経緯等を引き継ぎ。2月，都の児相が自宅を訪問したが女児に会えず。3月2日，女児の体調が変化したと父親が119番。搬送先の病院で女児の死亡を確認。その後3月3日に父親を傷害容疑で逮捕。6月6日警視庁が保護責任者遺棄致死容疑で両親を逮捕。しつけと称した虐待は後を絶たず，この事件は「教育虐待」という教育を理由に子どもに無理難題を押しつける心理的虐待に該当し，エスカレートすると死に至るケースもあるという。Yちゃんの父親もしつけのつもりと供述している[*]。

*朝日新聞6月7日版・6月17日版・6月27日版（いずれも朝刊）から一部を引用

(3) 広いスパンでの相談できる環境

　この2例を考察すると，今の私たちは，子どもの命に目をしっかりと向けて子どもの人生に向き合うか，または子どもの命をわが物として強権的に支配するか，この2つの方向性を養育者がどう選択して行くのか，大きく問われているように思える。子育てのさなかにあって相談できる環境が十全でないことがこのような選択肢となっているのではないだろうか。その意味で子どもが乳児というより胎児期から（さらに加えれば男女の出会いのときから）当事者を支える仕組みが必要であることが分かる。保育園における保育相談はその大事な構成要素と言える。

② 保育相談とは

　小林育子は保育相談を「おおむね就学前の乳幼児の保育に関して，保護者等（近親者，近隣の人々を含む）の疑問，質問，相談に応じることで，支援という言葉が示すように，保護者が自ら考え，工夫して乳幼児を育てていくことができるように支えていくことです。」[**]と言っている。

**小林育子『演習保育相談支援』p.12, 萌文書林, 2010

(1) 子育て支援と「援助」の意味

　保育士の仕事は大きく2つに分けることができる。1つは言うまでもなく子ど

10章　乳児の保育相談とその方法－基本的な考え方と事例－

もの保育に携わることである。そしてもう1つは保育園を利用している保護者に対する「子育て支援」である（保護者への支援には「地域の保護者等に対する子育て支援」も含まれている」。「保育所保育指針解説」のなかで「子育て支援」を次のように説明している。「子どもの保護者に対する保育に関する指導とは，保護者が支援を求めている子育ての問題や課題に対して，保護者の気持ちを受け止めつつ行われる，子育てに関する相談，助言，行動見本の提示その他の援助業務の総体」である*。保育相談とは「子育て支援」の一環として保育士により保護者に対して行われる「援助」と言える。ここで「援助」と言っているのは，保護者が内発的にもっている力を引出し，自己回復することを目標としているからである。

＊厚生労働省編「平成30年　保育所保育指針解説」p.328，フレーベル館

(2) 求められる5つの技術

さて，このような保育相談支援のもととなる技術について，柏女霊峰は北野幸子の論文を引用し，次の5点を分類・整理している**。①発達援助の技術，②生活援助の技術，③関係構築の技術，④環境構成の技術，⑤遊びを展開する技術である。そして，①と②を目的的技術，③〜⑤を手段的技術とする。橋本真紀***はこの5つの技術について次のように説明している。

＊＊柏女霊峰・北野幸子編『保育相談支援』pp.19〜20，ミネルヴァ書房，2013

＊＊＊橋本真紀「第3章保育相談支援の展開」，柏女霊峰他『保育相談支援』pp.52〜54，ミネルヴァ書房，2013

発達援助の技術には，子どもの心身の状態を把握したり，子どもの自発的，能動的な活動を受け止め，見守り，支持するなどの技術と，子どもの発達・成長を援助するために働きかける技術があります。（略）たとえば，ハイハイを促すために子どもの体位を考慮し，姿勢と視線を合わせて，正面から呼びかけるなどは，子育てにおいても多用されています。

次に，

生活援助の技術には，子どもの食事，排泄，休息，衣服の調整（着脱）などを援助する技術，子どもの日課を把握し調整する技術などがあります。この技術は，子どもの生理的欲求をその行動から的確に把握する力や，生理的欲求を満たすための直接的援助技術，子ども自身が生活援助を獲得できるように援助する技術により成立しています。

保育士は，子どもの発達段階や興味関心を見極め環境構成を行い，子どもと環境の相互作用を観察し関与しながら環境を再構成しています。子どもは，環境との相互作用における多様な体験を通じて自らを育んでいますが，自らが存在する環境の選択に限界を有しています。そのため保育士には，安全で保健的な環境や，子どもが自らの機能を育むため能動的，意欲的にかかわれる環境を構成されることが求められています。たとえば，保育所におい

ては，人物，場などの環境が相互に関連し合い，子どもの生活が豊かになるよう，計画的に環境を構成し，工夫して保育しなければならないとされています。

次に「遊び」を展開する技術であるが，

　子どもにとって遊びは目的であり，保育士にとって遊びは子どもの成長・発達を支える手段と言えます。遊びを展開する技術は，乳幼児の成長・発達を助長するための体験を提供する技術であり，個人を対象に提供される技術と，個人の成長・発達を目的としつつ集団を通して提供される技術があります。子どもの発達に応じて，個別的援助は低年齢で多用され，集団援助は3歳以上で活用されることが多くなります。

そして関係構築の技術は，

　子どもを援助するための基盤となる保育士と子どもの関係を築く技術，子どもの人に対する愛情と信頼感を育む技術，子どもが周囲の大人や子どもと関係を育むことを援助する技術，関係を築いた後に関係を調整する技術などが含まれます。言語が未発達な乳幼児の非言語的な反応や表情の読み取り，受け止めたり，非言語的なコミュニケーションスキル，また発達段階に応じた言語や関わり方を用いて働きかけ，関係を築いたり，調整したとする技術である。

としている。

3 家庭の変容をめぐる問題

　今，日本は図10−1[*]から理解されるように超少子化社会である。出生した子ども数は毎年減り続けている。

　2017（平成29）年に国内で生まれた日本の子ども数は94万6065人で，統計がある1898（明治31）年以降，最少であった[**]。この傾向は今後も続くものとみられている。この子ども数の減少は何をもたらすであろうか。それは子どもを取り巻く環境の激変と，家庭の養育力の不安や不足の傾向であろう。小林育子は次の5つの問題を指摘する[***]。ここでは小林の指摘に付け加えて説明しよう。

（1）ひとり親家庭の増加と子どもの貧困

　国民生活基礎調査によると1990年代半ばより母子家庭は増加している。ひとり親家庭の保育園利用率は高く，またひとりで就労，家事，育児を担うため心身の負担は大きい。子どもの貧困率は1990年代から上昇傾向にあり，2012（平成

[*]内閣府ホームページ

[**]朝日新聞6月2日朝刊

[***]小林育子『演習保育相談支援』pp.14〜21，萌文書林，2010

10章　乳児の保育相談とその方法－基本的な考え方と事例－

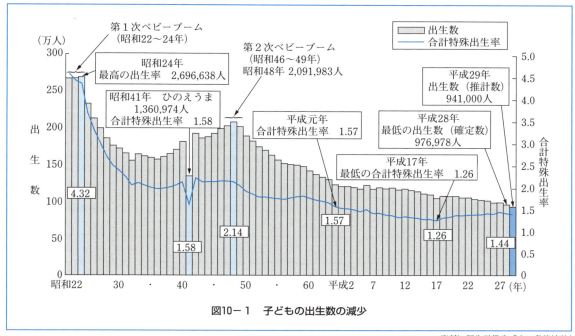

図10－1　子どもの出生数の減少

資料）厚生労働省「人口動態統計」

24）年には16.3％となっている。子どもがいる現役世帯の相対的貧困率は15.1％であり，そのうち大人が1人の世帯の相対的貧困率は54.6％と非常に高い比率となっている[*]。

*内閣府ホームページ「平成27年版 子ども・若者白書」

(2) 児童虐待の増加

　毎年，児童虐待の児童相談所への報告件数は増加している。小林育子は「虐待の原因は複合していますが，なかには子どもの泣き声や尿失禁などがあげられており，生後早くから子育てに戸惑う様子が伺えます。このことは『子どもを知らない親』の増加，『親自身の未成熟さ』など，家庭保育を支援する体制が重要であることを示唆」し「都市化，核家族化の進行している地域では，家庭は閉鎖的になり，子育ての負担感はいっそう強まる」と虐待の背景を指摘している。

(3) 共働き家庭の増加による要保育児童の増加

　共働き世帯は毎年増加し，1998（平成10）年以降専業主婦世帯を超えている。保育園利用状況を見ると，育児休業制度の普及により1歳児保育の需要は大きく伸びていて，0歳児保育の需要と合わせて「待機児童」問題の要因となっている。少子化のなかでの労働力不足解消として，また雇用環境の正規雇用から非正規雇用への移行が一方で共働き傾向を高めている。

(4) 家庭の保育力の低下

　都市化，核家族化が進み，子育てに悩みがあるときは遠くに住む祖父母より，

書店に山積みされている育児書か，さらに現代はインターネット情報，ママ友とのラインなどに依存するなど養育環境を巡る状況は大きく変化してきている。今はそのようなツールが増え続け，それにつれ育児情報も拡大している。子どもの育ちは個人的なものであることを知りつつ，その情報に埋没してしまうのが現代の母親たちであろう。親自身にとっては青少年期から乳幼児の子どもたちとの触れあいが少ないまま母親になるケースも増加し，育児知識とか文化の伝承も難しい時代になった。そのような言わば育児の孤立化を背景に育児不安が広がる。また，一方で女性の就業率は上昇傾向にあり，特に25歳～44歳の女性の就業率の伸びは顕著である。この年齢層は結婚，出産の時期に当たる世代であり，仕事と育児の両面で課題をかかえる。（図10－2）*

*内閣府ホームページ「平成29年版　男女共同参画白書」

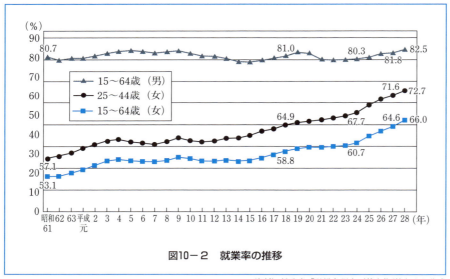

図10-2　就業率の推移

資料）総務省「労働力調査（基本集計）」より作成

(5) 子ども仲間の減少

　子どもの世界から「3つの間」が喪失したとされたのは1970年代以降であろう。遊びの空間・子どもの時間・子どもの遊び相手である仲間の「3つの間」である。都市化の進行により，地域から空き地が無くなっていった。遊び場の喪失である。受験競争の早期化のなかで子ども自身が自分に使う時間が減少していった。そして遊び仲間，特に地域における異年齢集団の自主的遊び仲間がいなくなった。

10章　乳児の保育相談とその方法－基本的な考え方と事例－

4 少子化への対策

　少子化に対処すべく実施した制度に国が事業化した地域子育て支援拠点事業があるが，その一つに「ひろば型」がある。実施主体は市町村・社会福祉法人・NPO 法人・民間事業者等であり，従事者は子育て支援に関して意欲があり，子育てに関する意識・経験を有する者で 2 名以上いなければならない。場所は民家・アパート・マンションでも可能である[*]。例えば札幌市指定常設子育てサロン NPO 団体ねっこぼっこのいえがあるが，「あかちゃんひろば」は毎週月曜に10 時から 15 時まで開設していて，だれでもが利用できる[**]。何か自分とわが子とのことで心配なことや不安なこと，あるいはうれしかったことなどを，他者に聞いてもらえる機会や場があることは，母親を 1 人にしないということ，だれかとつながることで見えてくる世界がたくさんあることに結びつく。その 1 つとして保育相談はある。

[*]内閣府ホームページ

[**] NPO 団体ねっこぼっこのいえホームページ

2. 乳児相談の内容と具体的方法，留意点

1 乳児相談を進めるための「子ども理解」について

(1) 乳幼児期の区分

　乳児相談を進める（保育者側からすれば相談を受けること）条件として，乳児期の発達の特性を把握しておくことが大事である。乳幼児期といっても，乳児は新生児期，乳児前期，乳児後期と区分できるが，その時期の発達は大いに異なる。食事を例にとると，新生児期から乳児前期は母乳・ミルクによる哺乳期である。幼児期は離乳食（この離乳食期にもいくつかの段階がある），そして乳児後期の幼児食への移行期がある。

(2) 乳児期における 4 つの獲得

　さて，乳児期は 1 歳児以降の子どもたち異なり，乳児期特有の時期である。長瀬美子は，ゼロ歳児（乳児）は「生涯にわたる発達に重要な基礎」にあたる時期で「四つの獲得」をすると指摘する[*]。第一は「直立二歩歩行の獲得」。この獲得のなかでのハイハイの段階は，移動できるということのみならず，「自分の望むことをかなえる手段の獲得」という重要な内容を含む。第二は，「言語の獲得」である。これは初語の出現よりも，それにつらなる「ことばのめばえ」の時期であることに意義がある。乳児は言葉以前のことばである喃語・身ぶり，指さしを使って相手に自分の思いを伝えようとする。それに大人が「応答的に対応」してくれることで，コミュニケーションの「意義や楽しさ」を感じていく。第三は

[*]長瀬美子『乳児期の発達と生活・あそび』pp.13～15，ちいさいなかま社，2014

「食べることの獲得」である。乳児期が哺乳期を経て離乳食，そして幼児食への過程のなかで「咀嚼して嚥下して摂取する」ことができていくことを意味する。第四は，「基本的信頼感の獲得」である。長瀬は次のように述べる。「『他者とは信頼できる存在である』ということを知っていくことであり，その後の人間関係の基礎となる非常に重要なものである。この基本的信頼感を獲得していくうえで重要な役割をはたすのが，『特定の信頼できる他者』の存在です。」その上で，長瀬によれば「ゼロ歳児という時期は，（略）生物としての『ヒト』が，社会的存在である『人間』へと『生まれなおす』重要な時期」であり，「四つの獲得はすべて，子ども自身の『学習』を通して達成される」ものであり，「この学習による獲得は，子ども個人の生得的な能力とともに，それを可能にする環境があってはじめて達成されるもの」であり，「つまり，その文化を先に獲得して実際に行っている存在＝おとな（家庭でいえば保護者，保育所・保育園であれば保育士であることが多い）がそばにいて，その人と接しながら，その行動をモデルとして，子どもはそれを模倣しながら獲得」するのである[*]。

*長瀬美子，前掲書，p.16

② 乳児の保育相談の内容と具体的方法

（1）家庭と保育園との連携

　保育園は子どもが成長・発達をとげる場である。特に乳児期はそれが著しい時期である。乳児の保育には家庭と保育園との連携がなによりも欠かせない。「保育所保育指針解説」[**]には「家庭と保育所の相互理解は，子どもの家庭での生活と保育所生活の連続性を確保し，育ちを支えるために欠かせない」ものとある。「家庭と保育所が互いに理解し合い，その関係を深めるためには，保育士等が保護者の置かれている状況を把握し，思いを受け止めること，保護者が保育所における保育の意図を理解できるように説明すること，保護者の疑問や要望には対話を通して誠実に対応すること」とともに「子どもに関する情報の交換」，「子どもへの愛情や成長を喜ぶ気持ちを伝え合う」ことが必要であると説明する。そして，そのための手段や機会として，「連絡帳，保護者へのお便り，送迎時の対話，保育参観や保育への参加，親子遠足や運動会などの行事，入園前の見学，個人面談，家庭訪問，保護者会」などを挙げている。Ｔ保育園ではこの指針に基づき，送迎時の会話，れんらくちょうのやりとり，年２回のクラス懇談会，家庭訪問，個別懇談，クラスだよりの発行，保育参観などを行っている。特に乳児保育においては，家庭の生活リズム（睡眠・授乳・食事・排泄など）を見ながら，保育園生活を心地よく過ごせるように子ども一人ひとりのリズムを大切に考え保育している。

**「保育所保育指針解説」p.333

10章　乳児の保育相談とその方法－基本的な考え方と事例－

（2）れんらくちょうの役割

　保育園生活が始まる場合，1週間から，場合によっては10日前後の慣らし保育を行い，いよいよ保育園生活が始まる。その過程は子どもにとっての成長と親が親になる（成長する）過程と重なっている。登園の朝は，子どもの検温等の健康視診から始まる。子どもの機嫌，食欲の有無，通院の有無，保育時間の予定などを短い時間のなかで保育士に伝え，子どもに「バイバイ」をして保護者（その多くは母親であるので，以下「お母さん」とする）は足早に職場へ向かう。生後5か月頃までに入園した子どもは，ほとんど後追いをしないので「泣き」は強くない。生後6か月以降に入園した子どもは「人見知り」が始まっているので，お母さんから離れると「泣き」の状態である。お母さんは，入園時期ばかりでなく，園生活に慣れてからも，保育園からの電話に「ドキリ」とするという。夕方，急ぎ足でお迎えにきたお母さんを見て，子どもは大喜び。このお迎えにきたひと時に，今日の子どもの様子を保育士は伝える。入園間もない子どもでも，ずっとお迎えまで「泣き」続ける子どもはいない。特定の保育士がずっと抱っこをしたり，ことばをかけたりして過ごした時間のなかに，子どもの緊張がほぐれる間ができてくる。この時間が一日一日重ねるごとに，「泣く」のは朝のお母さんとの別れのときだけで，お母さんがいなくなると，保育士の声かけで遊びに参加してくる様子が見られてくる。子どもの環境の変化に即応し生活する力に驚くばかりである。そのような保育園生活のなかで，大事な役割を果たしているのが「れんらくちょう」である。「れんらくちょう」は子ども一人ひとりに用意されるもので，家庭の様子と保育園の様子が見開き2ページに記載されるようになっている。そこに書かれることは食事の様子，排泄，遊び，気になることがら，など自由である。生活リズムの様子なども大事な事項である。フォーマルな形式の相談でなく，「れんらくちょう」のなかでの「一言相談」は保育士にとっても，子どもの現状を踏まえて「相談にのりやすい」場である。

❸ 保護者とどのような「親しみ」のある関わりをもてるか

　保護者がいつでも気軽に「相談」できる園の「雰囲気」は日頃の保育の積み重ねによりできるものであろう。

　初めて保育園に入る乳児にとって不安と緊張は言うまでもない。保育者が考えることはその不安をどのように安心に変えていくのかということ。その課題を一人ひとり探りながら子どもと向き合っていく。生理的要求を満たしていくためには「安心できる大人の存在」が必要である。そして「楽しい遊びをしてくれる，遊んでくれる人」の存在は大きく，遊んでくれる大好きな人ができることを通して子どもたちの不安や泣きは落ち着き，食べる（飲む）こと眠ることも安定して

119

いくとさえ言える。

（1）エピソード１

> **事例10－1**
>
> 　当園時の泣きも少なくなって落ち着いてきたある日，お座りの子，うつぶせの子と子どもの様子は異なりましたが，なんとなくみんなの顔が見えるように輪を作って「おはよう」と担任があいさつをして，歌に合わせて一人ひとりの名前を呼びました。子どもたちは笑ったり，手を挙げたり，担任が手を添えて「ハーイ」をしたり。続いて一対一で触れ，ゆさぶられていた "♪だるまさんころころ" の遊びを担任のひざに乗せて抱きながら，保育者も子どもも顔が見える向かい合わせの形で遊びました。抱かれていない子どもの中には真似っこで身体を左右に揺らしていました。輪の中心が，楽しさを共感している担任と子どもたちの表情や笑いで包まれていたのです。短い時間だけど乳児クラスでも「おはようの時間」ができることを発見したひと時でした。

　乳児保育のクラス構成は，入園する児童数，誕生月もまちまちであるので，子どもの実態に合わせていちばん月齢の小さいグループ，次に大きな子どものグループ，そして最も大きな月齢の子どもたちのグループに分けることが多い。事例10－1はお座りを獲得した子どもたち，うつぶせの子どもたちと多様ななかで，いつも歌っているわらべうた遊びを保育者主導で遊び，それぞれが向き合う関係のなかで，共感し合う姿を確認することができる。保育活動の生活リズムのなかで大事な「おはようの時間」をつくり上げていく様子が理解されよう。

（2）エピソード２

> **事例10－2**
>
> 　忙しくて（れんらくちょうを）書く余裕のもてないS君のお母さんには，書けなかった日には朝の送ってきたときに最低限の様子・時間を聞きとって担任が記入し，保育園の様子のところには少しだけ質問形式で問いかけてみることもしました。すると，お母さんからの返事が書かれてくる日も増えていきました。

　実際，毎日のれんらくちょうを書くことは大変なことだ。しかし，記入することで「育児日記」のようにもなり，大切な思い出として残ることが良いという評価もある。基本的に「れんらくちょう」は乳児期までの子どもと，配慮を必要とする子どもを対象としているので，育児日記として扱ってくれると良いと思う。

　初めての子育てとなる保護者にとって，子ども同様に親自身も緊張や不安を抱えている。そうした親たちも，家庭訪問させてもらうことで距離が縮まったり，クラス懇談会で他の家庭やその子どもの様子を知り「家と同じ，みんな同じ悩みがある」と「ホッと」したり，保育参観に参加し，自分の子どもが楽しんでいる様子を知ったりして，保育園に対する安心感をもつようだ。

10章　乳児の保育相談とその方法－基本的な考え方と事例－

4 「れんらくちょう」からみる保育相談

201X 年 4 月に乳児クラスに入園した H 君の約 1 年間におよぶ「れんらくちょう」を通して，どのような相談が母親からあったかを見てみる。

事例10－3

4月19日　今日も鼻水と咳は相変わらずで，ご機嫌で食欲もあるので病院をどうしようか悩み中です。初めてのことなので病院に行くべきか様子を見るべきかわからず，決めかねています。ニンジンを食べないことをきにしてましたが，味の違いが分かると言われ，目からウロコでした。食べなくても心配しなくなりました。

4月21日　今日は遊んでいるときにうっかり離してしまい，テーブルの縁に強く後頭部を打ってしまいました。その後，変わった様子はないのですが，心配で心配で，一応様子を見てもらえるとありがたいです。

5月9日　連休ずっと一緒にいて，久々に離れたのがさびしかったのか，今日は家から少しでも離れると金切声をあげて寝もせずにずっと抱っこをせがんでいました。保育園でも甘えん坊なのでしょうか。心配。

5月16日　四つ這いで前後にふりふりしているお尻が面白くて楽しいです。もうハイハイするのかな。成長の早さに改めてびっくりです。

6月20日　家庭訪問ありがとうございました。夜のご飯のことやお風呂のこと，教えていただいてよかったです。気にはなっていたものの正解が分からなくてそのままきてしまいまいた。ありがとうございます。

6月23日　服装のアドバイスありがとうございます。夜に涼しい半そで半ズボンで寝かせたら，あせもが無くなりました。寝汗もいつもぐっしゃりだったのが，あまりかかなかったようで，風邪も急にひどくなったりしていないので安心しました。ありがとうございます。

7月5日　家ではとてもやんちゃで，おもちゃを振り回してあちこちたたいたり，髪やら何やら手当たり次第引っ張ったり，保育園では大丈夫でしょうか。

9月30日　あっちこっちの扉や引き出しをあけるようになりました。開き戸から洗剤を出したときは血の気がひけました。次は扉対策を考えたいと思います。

11月1日　今日は面談をしていただきありがとうございました。ちょこちょこお話を聞いたり，れんらくちょうで様子を聞いたりしていましたが，全体的にどう過ごしているかを聞けて，とてもよかったです。参観に行くのが今から楽しみです。

1月4日　ここ数日，何か気に入らないことがあると。床に頭をガツンガツンぶっけるようになりました。子どもがそういう行動をすることがあるのは分かっていますが，心配になります。

これらは，子どもの成長の過程で出てくる子どもの活動の変化に対する親の心配事といえる。いずれも深刻になる事例はなく，親のたよりに（笑）マークが良く書かれているので，心配しつつどこか子どもの姿に喜びを抱いている様子も見

121

て取れる。一年間を通覧すると，一番母親が書いているのは子どもの鼻水，下痢，便秘，発熱など病気に関することである。乳児から1歳まではどうしても感染症などにかかりやすい。

3. 乳児期の保育相談の意義

　乳児期は生まれた子どもが人になる大事な時期である。少子化の時代であり，保育園に入る子どもが初めて産んだ子（第一子目）というケースも多い。青少年期に乳児との触れあいがない人たちが親になる時代である。また子育ての業（わざ）を伝承する仕組みも家庭や地域のなかにほとんどない。そんな現状のなかで，保育園が果たす役割は大きい。保育士は親の悩みや不安をいつも受けとめる環境をつくっておく必要がある。そして大事なことは保育士の専門性に基づく知識・技能を高めることである。育児雑誌では得られない子ども一人ひとりに対応した「子ども理解」を実践的に進めることが必要である。親はそのような保育士に信頼をいだき，家庭と保育園がともに連携して子どもを「育てる」ことになるはずである。

第**11**章

乳児保育のための指導計画
－基本的理解に向けて－

〈**学習のポイント**〉　①ふれあい遊びや愛情のある関わりが，乳児期の愛着の形成を育むことを理解しよう。
②一つの遊びの場面を想定して，子どもの主体性を大切にする保育を展開するにはどうすれば良いか考えてみよう。
③なにが育っているのかという「発達の連続性」の視点をもって子どもの成長をとらえよう。
④3つの視点が新たに「ねらい」に設定された背景を理解しよう。

1. 指導計画の意義

　保育の目標やねらいを達成するために，具体的な指導のための計画を立てることが必要になる。これが指導計画で，子どもの発達を見通した長期的な指導計画（年間による案，期案，月案）と子どもの生活に即した短期的な指導計画（週案，日案）がある。

　この指導計画の作成にあたっては，保育課程をふまえ，子どもの豊かな成長と発達を促すために，子ども一人ひとりの生育状況や家庭環境のほか，年齢や地域の特性などを十分考慮する必要がある。

　また，年齢の低い乳児については，生命の維持や発達の基礎となる保育者との密接な関わり，適切な保育環境など，十分に配慮された指導計画が必要になる。そして，丁寧に保育をし，自分の，または自分たちの保育を振り返る日々の繰り返しによって保育の質を向上させ，乳児保育に関わる職員全体で保育を考えていくために，指導計画が必要なのである。

2. 乳児保育の指導計画を作成するときの 配慮する事項

■ 初めての集団生活

　乳児保育は，まず入園してくる月齢はそれぞれ違うが，24時間保護者と一緒に育ってきた環境から，初めて保護者と離れ不安や寂しさを感じながら他人と集

団生活を送り，長時間を過ごしていくスタートの時期となることに配慮しなければならない。

　泣くことでしか自分の気持ちや不快な気持ちを表現できない乳児が，1日も早く環境に慣れ，「ここにいると安心」「先生や友達といると楽しい」と思えるように，保育者は乳児と信頼関係を築き，安心して快適に過ごせるように全力を尽くしていくことを計画していく。

② 愛情のある関わり－「養護」と「教育」の一体化－

　一人ひとりが丸ごと受容され，情緒的な絆（愛着）を形成していくことは，その後の生涯の成長をずっと支えていく心の基盤になるため，乳児期に保育者がどのように関わっていくか，環境を用意していくかということは非常に重要である。

　保育所は「養護」と「教育」が一体化して行われる場所であり，養護の重要性は，今回の「保育所保育指針」（2018〈平成30〉年）で大きく強調された点でもある。

> 　乳児期の発達については，視覚，聴覚などの感覚や，座る，はう，歩くなどの運動機能が著しく発達し，特定の大人との応答的な関わりを通じて，情緒的な絆が形成されるといった特徴がある。これらの発達の特徴を踏まえて，乳児保育は，愛情豊かに，応答的に行われることが特に必要である。
>
> 「保育所保育指針」第2章の1の(1)

　乳児期は，基本的信頼感の獲得，愛着の形成，離乳の完成，歩行の確立と著しい成長をしながら，言語が確立される前の非言語によるコミュニケーションが必要となる時期である。

　しかし，第一子を出産した母親から，「赤ちゃんに何を話しかけたら良いかわからない」という声を聞くことがある。これは乳児にどれくらいの能力があり，反応が外見上見えにくいと感じているからではないだろうか。発達心理学者のレディ（Vasudevi, Reddy）*は『驚くべき乳幼児の心の世界』（2015）の中で，生後間もない乳児が，他者を「心」がある存在であることを理解していると，驚きをもって紹介している。そして，胎児の頃から聴覚は完全に機能していることがわかっており，ヒトの顔を好むこと，ヒトに期待すること，ヒトとコミュニケーションを取ろうとする力をもっていることが様々な実験や研究でわかってきた。乳児はただ泣いたり，寝たりする存在ではなく，乳児はたくさんの刺激を受けて外界に向けて発信し反応しているのである。

　世話をしてくれる相手の視線，表情，声の抑揚，話しかける言葉，匂い，すべ

* Vasudevi, Reddy『驚くべき乳幼児の心の世界―「二人称的アプローチ」から見えてくること－』ミネルヴァ書房，2015

てを乳児は諸感覚をフル活動させて感じて学んでいるため，話しかけや，働きかけが大切になる。新生児から重要な愛着（アタッチメント）は，特定の大人との間で結ばれる親密な情緒的な絆であり，この絆が「自分が自分であっていい」「ありのままの自分が愛されている」という自己肯定感となり，生涯にわたって心を支えていく心の基盤となっていく。

アタッチメントの重要性を唱えるボウルビィ（Bowlby, J.）[*]は，子どもの養育者が「アタッチメント行動に対していかにして反応するかということに非常に大きく影響される」という。受容的で応答的な関わりの繰り返しのなかで，子どもは自己肯定感と他者への基本的信頼感を育んでいくのである。

乳児保育の重要性を意識しながら愛情をかけて乳児期の心を丁寧に育むために，特定の保育者が時には抱っこしながらあやし，諸感覚を刺激するような遊びを展開するなど，いつも「養護」と「教育」について保育者同士で話し合いながら指導計画を立案するのが良いだろう。

3 乳児の安全を守る指導計画－衛生・保健・安全面に留意していく－

乳児は免疫力も弱く消化器の発達も未熟なため，集団生活の保育のなかでは突然体調を崩すことも多い。日々の健康の観察や保護者からの聞き取りはきめ細かく行い，看護師のいる所では看護師が，看護師がいないところの園では園長や主任が先導を切って，保健計画とともに衛生・保健・安全面の配慮に気を配り指導計画[**]を立てていく。

感染症が流行しやすい時期には，遊びの工夫や，職員の体制をどうするか（元気な子と体調不良気味や病みあがりの子をどのように遊ばせるかなど）ということもその場しのぎではなく，あらかじめ計画しておくことで余裕のない保育にならないようにしていく。

衛生面への配慮は，子どもが「よく遊び，よく寝て，よく食べる」という丈夫な体を作っていくすべての活動につながっていく。

また，動き始めた乳児はなんでも口に入れて物の感触を確かめていくため，保育室においてある玩具の消毒や，誤飲しないような玩具の選定など安全の確認をガイドライン等[***]に照らし合わせながら，環境を指導計画のなかで点検しつつ毎回考えていく。

4 保護者にとって手探りの子育て

初めての子育ての保護者にとっては，保育園に預けるのも緊張する場合がある。手探りで仕事や家事をこなしながら育児をし，自分の子どもを見ることで精一杯で，時に「夜泣きが続いている」「野菜を全然食べてくれない」「保育所で泣

---

[*] John Bowlby『ボウルビィ　母と子のアタッチメント　心の安全基地』p.102, 医歯薬出版, 2013

◎調べよう！
愛着の形成が，どのような力を育んでいくのか調べ，どのような遊びが乳児期に良いのか調べてみよう。

[**]感染：感染力の強いウイルスが流行する時期には，吐しゃ物の処理や換気，食事の配膳の仕方，布団の配置，職員や子どものマスク，手洗いの仕方の徹底，手拭きタオルの置き場所やペーパータオルへの切り替え等，様々な配慮が必要である。

[***]「平成27年度教育・保育施設等の事故防止のためのガイドライン等に関する調査研究事業検討委員会」が作成した「教育・保育施設等における事故防止及び事故発生時の対応のためのガイドライン【事故防止のための取組み】～施設・事業者向け～」などがある

かないで遊んでいるだろうか」というように不安も多々出てくる。まずは，愛情深く子どもと接することで，1日も早く保護者に安心して預けてもらえるように努めたい。そして，保護者と子どもの成長を伝え合い，保護者との間に対等な信頼関係を築いていく。

保育者は多数の子どもを長いスパンで見ることができる客観性と専門性の視点を持ち合わせ，保育の計画を家庭の連携とともに時に修正などをしながら「野菜の絵本が気に入ってくれてよく読んでいます」「この野菜のこの味付けなら食べてくれたんですよ」というエピソードを伝えていく。保護者の不安や戸惑いを受け止めながら最大の理解者となることが大切である。

3. 乳児の発達特性と指導計画の必要性

1 全体的な計画

指導計画は，「全体的な計画」（「保育課程」と呼ばれていた*）に基づいて作成される。

> 「保育所保育指針」指導計画の作成の留意点
> ● 一人の子どもの生育歴，心身の発達，活動の実態等に即して，個別的な計画を作成する
> ● 保育所の生活における子どもの発達過程を見通し，生活の連続性，季節の変化などを考慮し，子どもの実態に即した具体的なねらい及び内容を設定すること。
> ● 具体的なねらいが達成されるよう，子どもの生活する姿や発想を大切にして適切な環境を構成し，子どもが主体的に活動できるようにすること。
> ● 保育時間が異なる子どもが共に過ごすため，午睡や休息の取り方，生活リズムや心身の状態に十分留意する。
> ● 障がいのある子どもの保育については，適切な環境の下で他の子どもとの生活を通して成長できるよう指導計画の中に位置づけ，家庭と関係機関と連携した支援のための計画を個別に作成する。

＊「全体的な計画」：幼稚園の教育課程に合わせて，保育所は「保育課程」としていたが，新設された幼保連携型認定こども園では「教育課程」に乳児保育の内容が入れられないため，幼稚園，保育園，認定こども園のすべてが「全体的な計画」を作成することになった。

「全体的な計画」は「保育所保育指針」では「保育所保育の全体像を包括的に示す」ものであり，「子どもや家庭の状況，地域の実態，保育時間などを考慮し，子どもの育ちに関する長期的見通しをもって適切に作成されなければならない」ものである。

この「全体的な計画」に基づいて,「指導計画, 保健計画, 食育計画等」を作成していく。そしてここで重要なのは,「各保育所が創意工夫して保育できるよう」作成することである。重要なポイントを押さえつつオリジナリティーのある計画を立てていくと,「書かねばならない」指導計画から「やってみたい保育」が可視化されていく指導計画*になっていくのである。

新しい指針に書かれた「幼児期の終わりまでに育ってほしい姿」を0歳児のときからどのように育て幼児期に繋げていくのかということを意識し, 園長, 主任, 看護師や調理師など多種多様な保育者が, その専門性を活かしながらも全員で同じ方向を目指して子どもを育てていくために指導計画は必要なのである。

時に園長や主任や他クラスに助言をもらい, クラス間の活動を調整し, 全職員で情報を共有する。そして, 手伝いや配慮してもらいたい事項なども「全体的な計画」の中で話し合っていく。

指導計画には, 子どもの生活や発達を見通した長期的な指導計画と, それをさらに具体的にした, 子どもの日々の生活に即した短期的な指導計画の作成が必要となる。

2 長期的な指導計画

長期的な計画には, 一年の保育や子どもの姿を見通した「年間指導計画」, 数か月の期ごとに区切った「期間指導計画」, 一か月の保育や子どもの姿を見通した「月間指導計画」がある。

3 短期的な指導計画

一週間の保育を立案する週の指導計画である「週案」では, 一週間の子どもの遊びや生活などを考え作成し, 一週間の流れをさらに具体的にした一日の保育を立案する指導計画である「日案」を作成する。そして0歳クラスは「個別計画」があるのも特徴である。

園の中のクラスの方向性を定めた「全体的な計画」によって一年の見通しを立て, 長期と短期の計画につながりを持たせながら子どもの姿から保育を柔軟に考えていく必要がある。

*中央説明会資料では, 「多くの人の温かいまなざしの中で子どもが成長していくことを, 全職員で見守っていくことが大切である。」という箇所に「子どもが成長していくことを理解し」という言葉があえて追記されている。「なんとなく気持ちだけで見守る」のではなく, 皆で共通認識として「知っている」のでもなく「理解」することが重要であり, そのためには計画が職員全員に共有され読めるように可視化されることが必要である。

4. 指導計画の作成の流れ
　　－どのように計画するのか－

　指導計画をどのように立案・作成していくのか，表11－1の月案の一例を参照しながら見ていこう。

①子どもの発達の特徴と過程を理解する。
②現在の子どもの姿を観察し，その姿から保育目標・ねらいを作成する。
③ねらいに即した保育活動の内容を設定する。
④保育の内容に応じた環境を構成する。（保育士も環境の一部となる）
⑤子どもの主体的な活動を促し展開できるよう，保育士等の援助や配慮を具体的に示す。
⑥地域や家庭との連携を示す。

①子どもの発達の特徴と過程を理解する―乳児の発達の連続性への理解―

　指導計画は，「1歳でここまでできるように」と年齢で区切り，ゴールを目指して子どもの成長を促すものではない。今回，保育所保育指針の大きな変更点として，保育内容や発達の区分が約半年ごとに区切られて計画されていたものが見直され，0歳から1歳までの「乳児保育」と「1歳以上3歳未満児」というように「保育内容」が大きく括られた。

　乳児期は，成長するスピードも個人差も大きいため，乳児期は幼児期，児童期へ向かうゴールではなく土台づくりとなる。その子の成長を次の段階へつなげていくものである。保育において重要なことは発達の区分で目標を考えることではなく，「今何がその子の中で育っているのか」「次は何を育てていくのか」ということを，目の前の子どもの姿から発達の連続性やつながりを大切にすることである。それぞれの子どもの発達を把握し，次の発達に向けてどのように援助していくかを考える保育になるように変更されたのである。

　この写真は2歳になった子が初めてズボンを保育者の前で履けた瞬間であるが，子どもが履きやすい洋服の置き方，ちょうど良い高さの椅子となるものの用

11章　乳児保育のための指導計画－基本的理解に向けて－

表11－1　0歳児　6月　月案の一例

【ポイント】
・月間指導計画には，季節の特徴を保育に取り入れていこう。6月であれば，梅雨の時期となり湿度が高く子どもたちは汗をかきやすくなるので，快適に過ごせるようにしていく。晴れている日は戸外の気持ちよさや楽しさを味わい，雨の日は室内で体を十分に動かせるようにする。
・月案によっては，低月齢児・高月齢児に分けて書くなど，個々に個人差があるので工夫して書こう。
・家庭とのコミュニケーションや連携を深めていき，特定の保育者が個々の子どもと丁寧に関わることができるようにしていく。

			園長印	主任印	担任印
保育園	2018年度　月間指導計画 （　6月　）0歳児	ひよこ組			

②ねらい
◆一人ひとりの体調や皮膚の状態に留意してもらい，梅雨の時期を気持ちよく過ごす。
◆それぞれの発達に応じた遊びを十分に楽しむ。

行事
身長・体重測定　避難訓練
保育参観
誕生会

職員間の連携
・シャワーや沐浴が始まるため，前もって職員間の役割分担を決めておき，当日は子どもの様子に合わせ柔軟に対応できるようにする。
・特定の保育士を後追いして泣く子や，外に出ると泣き止む子などがいるので，個々に安心して過ごせるように，話し合っておく。

家庭・地域との連携
・気温差があるので調整しやすい服（半袖・長袖）を用意してもらい，汗を拭いたりこまめに着替えられるように，調節・着脱しやすい衣服を準備してもらう。
・皮膚の状態や体調の変化をこまめに伝え合えるようにする。
・保育参観などの行事の際に，園での様子を見てもらい，保育者と保護者間で話しやすい関係を作っていく。
・園外近隣の散歩時には近所の方と挨拶したり交流していく。

⑥

		②前月末の子どもの姿	③保育内容	④環境構成	⑤保育士の配慮
Aちゃん　11ヶ月　養護・教育　3つの視点から	身体的発達に関する視点	健やかにのびのびと育つ ・活発に動き回るようになる。 ・よく汗をかくので，肌も荒れやすい。 ・水に興味があり，自分から手を伸ばす。 ・つかまり立ちや四つ這いなどで移動することを楽しむ。 ・週明けは泣きやすいが戸外に出ると機嫌が良くなることが多くなっている。	・汗をかいたら，シャワーなどで汗を流すなどして，梅雨の時期を快適に過ごせるようにする。 ・つかまり立ちや四つ這いを十分に室内外でしたり，のぼる・おりるなどいろいろな体の動かし方を楽しむ。 ・自分に合った生活リズムで快適に過ごす。	・段取りよくシャワーや着脱ができるようにタオル入れや洋服の準備をしておく。 ・草花や石，砂や泥などを触ることを楽しめるような散歩や戸外遊びを計画し，口に入れないように配慮しながら，危険なものが落ちていないか確認し事前に拾っておく。 ・事前にコーナー設定や玩具の用意をし，充分に体が動かせるようにする。	・肌が荒れやすいのでオムツ替えの際は濡れタオルでこまめに拭き，清潔になった心地よさを感じられるようにする。 ・室内で体を動かせる遊びを行う際は，危険のないように保育者が必ずそばにつくようにする。
	社会的発達に関する視点	身近な人と気持ちが通じ合う ・特定の保育者に慣れ始め，手を伸ばして甘える。 ・保育者が相手をすると声を出して笑う。 ・保育者がいるのを確認し，安心して遊びを楽しむ姿が見られる。	・抱っこやおんぶをしてもらい，甘えたい気持ちを受け止めてもらう。 ・「一語」や声を発することを楽しみ，応答してもらうことを喜ぶ。 ・自分の好きな絵本を読んでもらう。 ・いないいないばあ遊びやふれあい遊び，ベビーマッサージなどの遊びを楽しむ。	・子どもが何回でも読めるような絵本のコーナーを用意する。 ・不安そうな時は，一人ひとりに声をかけたり抱っこやおんぶして安心できるようにしていく。 ・ほっとできるようなコーナーを設定する。	・「一語」が出始めているので，表情豊かに応答し，話しかけ，子どもがコミュニケーションを楽しめるようにしていく。 ・「ちょちちょちあわわ」「かれっこ焼いて」「おすわりやっせ」などのふれあい遊びを保育者と楽しむ。
	精神的発達に関する視点	身近なものと関わり感性が育つ ・玩具を鳴らしたり口に入れて確かめる。 ・歌や絵本に興味が出始め，絵本は自分でめくろうとする。	・音の出る玩具に興味を示し，さわってみたり，押したり，投げたり，叩いてみたりして遊ぶことを楽しむ。 ・好きな音楽に合わせて体を揺らして遊ぶ。 ・自分の好きな絵本を読んでもらう。 ・雨の日も雨の音やセロハンを使って光を楽しむ。	・玩具を口に入れやすいので消毒し，常に清潔にしておく。 ・玩具が床に散らばり，転倒することがないようにこまめに片付けていく。	・安全に楽しめるような玩具を用意し，危険がないようにしていく。 ・誤嚥などがないように保育者がそばにつき，十分気をつけてみていくようにする。

食育	今月の反省・評価	来月の課題・備考
・「カミカミね」「おいしいね」など楽しい雰囲気のなかで声をかけ咀嚼を促していく。 ・手づかみやスプーンで自分で食べる楽しさを感じられるようにする。 ・家での食事の進み具合や好みなども聞きながら進めていく。	・保育室の環境にも慣れ始めた子が移動するようになったため，事前に危険箇所がないか点検していき，安全面で足りないところにクッション素材を貼るようにした。 ・シャワー前後の着替えの時間などは余裕を持って設定していたので無理なく進めることができた。 ・シャワー後の食事の時間に眠くなってしまう子がいたので，シャワー後の食事も時間を調整したり，様子を見ながら個別に対応するように心がけた。	・来月からシャワーだけでなく，たらいでの湯水遊びや沐浴が始まるので，保育者間で再度段取りや，役割分担を決めながら安全面にも十分気をつけていく。 ・雨で水遊びができない日も子どもたちが安心して楽しく遊べるように，工夫していく。 ・低月齢児がのびのび体を動かせるコーナーや，高月齢児がつかまり立ちなどができるコーナーに分けるなど，その月齢に応じた環境設定を行っていきたい。 ・個々の発達の合った手作りおもちゃを用意していきたい。

⑦

129

意，履けた後の達成感を受け止める保育者の姿，すべてが保育の流れの一瞬の1コマなのである。自分で履けるようになるまでには0歳の頃から保育者に手伝ってもらいながら，自分で片足をズボンに入れたり，服を引っ張ってあげてみたり，完全に自分でできなくてもやってみようという意欲が育っていたからこそ，月齢が少し大きくなったときにできるようになるのである。

　計画を立案する前に，まずは乳児の子どもの発達の特徴や過程をふまえ，一人ひとりの子どもの姿に応じた計画を考えていく。

②現在の子どもの姿を観察し，その姿から保育目標・ねらいを作成する

　保育士には，子どもの姿を観察し気づいていく力が必要となる。「どのようなことに興味があるのか」「苦手なものや泣きやすい時間帯はあるか」「好きな寝方，安心する人やもの，好きな遊びは何か」という子どもの姿への「気づく力」「感じる力」を身につけていく。「一人ひとりを大切に」「子どもの主体性」を大切にする保育は，子どもの姿を発達の段階に合わせて評価するのではなく，子どもが遊んでいる姿を一緒になって楽しみ，子どもが感じていることを一緒に感じることから始める。何より子どもの「最善の利益」ということを念頭に置きながら考えていく。

③ねらいに即した保育活動の内容を設定する―新しくなった乳児保育の「ねらい」―

　「ねらい」は保育者の願いや思いであり，「保育の目標をより具体化したものであり，子どもが保育所において，安定した生活を送り，充実した活動ができるように，保育を通じて育みたい資質・能力を，子どもの生活する姿から捉えたもの」である。

　「内容」は，「『ねらい』を達成するために，子どもの生活やその状況に応じて保育士等が適切に行う事項と，保育士等が援助して子どもが環境に関わって経験する事項を示したもの」である。

　今回から，0歳児は表11－2のように，3つの視点から「ねらい」が設定されることになった。また，1歳以上3歳未満児の「ねらい」は5領域「健康」「人間関係」「環境」「言葉」「表現」から設定されているが3つの視点，5領域をそれぞれ詳細に区切り分類していくのではなく，それぞれが関係し合っていることも特徴である。

11章　乳児保育のための指導計画−基本的理解に向けて−

表11−2　養護を基本とした3つの視点

乳児保育の視点	
身体的発達に関する視点「健やかに伸び伸びと育つ」	健康な心と体を育て，自ら健康で安全な生活をつくり出す力の基盤を培う。
社会的発達に関する視点「身近な人と気持ちが通じ合う」	受容的・応答的な関わりの下で，何かを伝えようとする意欲や身近な大人との信頼関係を育て，人と関わる力の基盤を培う。
精神的発達に関する視点「身近なものと関わり感性が育つ」	身近な環境に興味や好奇心をもって関わり，感じたことや考えたことを表現する力の基盤を培う。

④保育の内容に応じた環境を構成する

特に乳児は個人の発達の差があるだけでなく，個々においても日々の姿が変化していく。「全然離乳食を食べなかった子が歩けるようになってから急に食べるようになる」場合や，逆に「今までなんでも食べていたのに食べる量が減ってきた」場合などがある。表面から見れば「たくさん食べるようになった」「食べなくなった」で終わってしまうが，下記の表11−3のようにたくさんの保育者と環境が一人の子どもには関係しているため，下記の表のような一例などを元に，常子どもの行動の要因を保育者同士で話し合いながら探っていく。

表11−3　子どもの行動の背景の要因一例

●家庭との連携「家庭の食生活のリズム・習慣」：家庭でのメニューや好き嫌いはどうか，誰といつ，どのように食べているか。
●調理師・管理栄養士・職員・嘱託医との連携「消化器官の成長と心身の発達状況」：どのくらい体を動かして遊んでいるのか，運動量は足りているのか，身体的成長はどうか，排尿の感覚や食べる量，噛む力はどうか，食べ物アレルギーはないか，どのような体質か。
●環境：食べたくなるような環境設定はどうか，子どもが興味あることで工夫できることはないか，地域の人と連携できる食育はないか。
●人間関係：友達や保育者と楽しく安心して関われているか，励ましや工夫が必要か。
●言葉：言葉の理解がどの程度進んでいるか。

そして，「好き嫌い」が増えてきたようであれば「食べ物が出てくる絵本を読んでみよう」，家で朝ごはんを食べる時間が遅くなっているようであれば「保護者の人と食事時間を話し合ってみよう」，ご飯というより眠気が強く食べられないようであれば「食事の前に少し睡眠をとってみよう」など，どこを援助していくか考えていく。

⑤子どもの主体的な活動を促し展開できるよう，保育士等の援助や配慮を具体的に示す

今回の「保育所保育指針」の「総則」の「保育の方法」に「子どもが自発的・意欲的に関われるような環境を構成し，子どもの主体的な活動や子ども相互の関

わりを大切にすること」と書かれている。保育の基本は今回の改定においても，子どもが意欲的に生活し，自立を支え，子どもたちの主体性を育てていくことや，環境を通じて行われるということは変わらない。そして，物的な環境だけでなく，自然や社会の事象や保育士自身が環境であることを意識し，「人，物，場などの環境が相互に関連し合い，子どもの生活が豊かなものとなるよう」計画的に保育することが大切である。

　また，保育士のための「保育」になっていないか，忙しい保育のなかで余裕のない流れになっていないか，ということに留意する。

　歩けるようになった子たちの食事前に水道で手を洗う場面を考えてみよう。一人ひとりを水道に連れていき，手を洗い，食事の椅子に促すことは時間もかかり子どもがたくさん集まれば噛みつきなどのトラブルがあることや，床が濡れていれば転ぶこともある。食事前に眠くなる子もいれば，自我が出てきて誘ってもすぐ来ない子もいるだろう。

　具体的な保育士の援助を具体的に考えて書く*ことで，保育士の動きにも子どもの動きにも無理のない保育を考えていきたい。食事前に眠くなることもあるが何事もいつも一斉に行う必要はなく，できる範囲のなかで何が最善なのかを考え，具体的に考えることで保育者が意識して保育できるようにしたい。
⑥地域や家庭との連携を示す。

　保育を展開していく上で家庭との連携は非常に重要である。家庭での生活リズムは大きく乳児の生活に影響を与え，保育園での生活リズムをつくっていくには家庭の連携が不可欠となる。家庭で保護者に見せる姿と保育園で保育者に見せる姿は異なってよいが，それぞれの姿を伝え合い，改善できるところを改善したり，一緒に成長を喜び合ったりしながら指導計画を修正していく。

　保育園は地域のなかにあり，子どもは家庭から保育園，そして学校や地域のなかで育っていく。乳児であっても散歩時や戸外遊びのときに地域の人と交流したり，イベントのときに保育園に地域の人に来てもらったりと，普段から「保育園の子ども」というより「自分の地域の子どもたち」として地域の人に意識してもらえるようなあたたかな交流ができるようにしていきたい。近年，震災も頻繁に起きているため，普段からの地域との交流を計画していく。

---

*具体的な援助の一例として①子どもを集めて手洗いのやり方を遊びを通して伝えてから数人ずつ呼んで洗う手順にする，②手洗いのときに並ぶ箇所に動物などのマークを貼って一人ひとり呼んで並びながら洗う，③数人ずつ座れる長椅子に座り手遊びなどをしながら楽しい雰囲気のなかで呼ばれて手洗いに向かう，など様々な手順を考えてみる。

◎話し合おう！
自分の地域の保育所や認定こども園が行っている地域との連携，子育て支援について調べ，どのような交流や連携が計画できるか話し合ってみよう。

5. 指導計画作成時の留意点
－指導計画は誰のためのものか－

　指導計画は，何よりも子どもたち，保護者，保育士の保育のために必要なものであり，保育園全体にも必要なものである。

　0歳児クラスでは，担当制をとり，特定の保育士が関わることで信頼関係を築いていくことが多いため，その担当の保育士が早番や遅番などの当番の日や休みの日であっても，保育の方針が変わらないようにする。園全体で保育や対応に差が出るなど，子どもが混乱することが無いようにしていく。

　P（Plan）計画し，D（Do）実践し，C（Check）反省・評価し，A（Action）改善し，また新しい計画を考えていくことの繰り返しのなかで保育の質を高め，子どもにより良い環境を提供していけるようにしていく。そのためにも，まずは前掲の表11−1の⑦の「今月の反省・評価」と「来月の課題・備考」を丁寧に書いてみよう。

　「○○先生だと落ち着いた，この遊びのとき笑顔が見られた，この時間は眠そうだ」など子どもの姿がどうであったか，周りの子どもはどうだったか，保育者の動きに無理はなかったか，保護者の様子はどうか，周りの保育者との連携はスムーズだったか，もう1回試してみるのか，目標を修正してくのか，新たな目標にしてみるのかなどを考えながら，一日一日を大切にして，丁寧な保育を心がけ，振り返りを大切にしていきたい。

　また，乳児の表情が生き生きしているだけでなく，子どもの一番近くにいる保育者たちの表情が生き生きしているかということも重要である。常に自分たちの保育を見直し，子どもたちのためにも，無理のない余裕のある楽しい雰囲気の保育を計画していきたい。

【参考文献】
　Maria Legerstee『乳児の対人感覚の発達　心の理論を導くもの』新曜社，2014
　佐伯胖『子どもを「人間としてみる」ということ』ミネルヴァ書房，2015
　汐見稔幸『子ども・保育・人間』学研教育みらい，2018
　小林春美・佐々木正人（編）『新・子どもたちの言語獲得』大修館書店，2013

第**12**章

乳児保育のための指導計画
−計画，実施（記録），評価−

〈学習のポイント〉 ①乳児保育における計画の重要性について理解しよう。
②全体的な計画，指導計画など計画の特徴について理解を深めよう。
③乳児保育における記録について考えよう。
④乳児保育における評価について理解を深めよう。

1. 乳児保育の計画とは

❶ 保育における計画とは何か

　保育は，入所する子どもの健やかな心身の発達を図ることを目的としている。子どもたちの生活が豊かなものになるように，保育者は計画的に毎日の保育を構成することが大切である。

　保育所や認定こども園などの保育施設で生活する子どもたちは，保育の場で長時間を過ごし，そこで成長していく。保育者はこうした子どもたちにどのように育っていくことを願って保育にあたるかを考えることが，子どもたちの豊かな毎日につながっていくのである。

❷ 「幼保連携型認定こども園教育・保育要領」，「保育所保育指針」における計画

　「幼保連携型認定こども園教育・保育要領」（以下要領）並びに「保育所保育指針」（以下指針）の2017（平成29）年の改訂（改定）により，それまでの「保育課程」から「全体的な計画」に改められた。「全体的な計画」は「幼稚園教育要領」の「教育課程」にあたり，園全体のカリキュラムのことをさす。各園独自の全体的な計画を基軸とし，そこに記された保育全体の目標を目指し，具体的な保育実践につながるように「指導計画」が立てられる。

　要領・指針による計画の特徴は，保育内容5領域の教育的な計画のみならず，養護が計画の中に含まれている点にある。ここには，長時間を園・保育所で過ごす子どもたちが保育者との関係性をもとに，情緒的に安定し，穏やかな生活を送ることができるような配慮があらわれている。

135

2. 乳児保育における計画の実際

1 全体的な計画とは

「全体的な計画」は，指針に，次のように定義されている。

> 保育所は，１の(2)に示した保育の目標を達成するために，各保育所の保育の方針や目標に基づき，子どもの発達過程を踏まえて，保育の内容が組織的・計画的に構成され，保育所の生活の全体を通して，総合的に展開されるよう，全体的な計画を作成しなければならない。

全体的な計画は，保育の目標を達成するために入所から就学に至る在籍期間の全体にわたって，どのような道筋をたどり，保育を進めていくのかを示すものである。したがって，乳児保育における計画を作成する際，乳児期だけの生活を考えるのではなく，乳児期から幼児期に至る保育所の生活全体を通した計画を立てることが大切である。子どもの生活は連続性の中にあり，今の経験が次へ繋がっていく。こうした連続性を考慮した上で，構成することが求められる（表12－1）。

この全体的な計画に基づき，「指導計画」「保健計画*」「食育計画**」等が作成されている。

2 指導計画とは

乳児保育の指導計画の特徴は，個別的に作成されるところにある。ここに３歳以上児との違いがある。指針には，指導計画について次のように記されている。

> イ　指導計画の作成に当たっては，第２章及びその他の関連する章に示された事項のほか，子ども一人一人の発達過程や状況を十分に踏まえるとともに，次の事項に留意しなければならない。
> 　(ア)　３歳未満児については，一人一人の子どもの生育歴，心身の発達，活動の実態等に即して，個別的な計画を作成すること。

個別的な計画を作成する理由について，例えば０歳児クラスで生活する子どもたちは，一人ひとりの食の観点からも授乳がメインの子どもがいれば，離乳食の段階が異なるなど，月齢による発達的な違いが大きい。またそれぞれの育ちには個人差があり，同じ月齢であっても食事の形態が異なる場合がある。また，同じ子どもでも月ごとに育ちの姿が異なることから，月ごとに個別的な計画を作成することが求められている。

さらに，３歳未満児は心身の諸機能が未熟であるため，職員間の連携のもと保健的な対応や安全面の配慮が必要である。また特定の保育士等との愛着が深められるような人的環境を重視した指導計画を作成する。

指導計画には，年間・期・月ごとの「長期指導計画」と週・日ごとの「短期指導計画」がある。

＊保健計画：園全体の衛生管理，子どもの健康管理などの計画を示したものである。乳児の場合は，個別に立案される園もある。

- - - - - - - - - - - -

＊＊食育計画：園全体で取り組む食育の計画である。栄養士や調理員との連携のもと，献立表の作成の他，食育だより，菜園作り，クッキング保育などの計画が立案される。乳児期は離乳食の計画なども含まれる。

◎調べよう！
実習先で「全体的な計画」「長期指導計画」「短期指導計画」について可能であれば見せて頂こう。計画は各園それぞれに工夫が見られる。

表12−1 全体的な計画（例)

保育方針
①子どもの健康と安全を基本として、保護者との連携のもと家庭養育のサポートを行います。
②家庭的な食事と身体と食べ物の関心を養います。
③人との信頼関係をベースにした豊かな心と遊びを通した知性を育みます。

子どもの保育目標　元気でよく遊ぶ子　思いやりのある子　自分で考える子

乳児	安全な環境で生理的な欲求を満たして過ごす
1歳	生活リズムを整え、行動範囲を広げながら探索活動を十分にする
2歳	自我を育て、想像力を育む
3歳	環境に積極的に関わり、意欲を持って活動する
4歳	仲間と共に感動豊かに表現活動をする
5歳	自立的に・意欲的に活動し、多様な経験を積む。

保育時間　標準 9：00−18：30　延長 7：30−9：00　18：30−19：30　＊3号認定

養護

	乳児	1歳児	2歳児	3歳児	4歳児	5歳児
生理的欲求	子ども一人ひとり生理的欲求の充実	一日の生活リズムの形成	適度な運動と休息の充足	生活習慣の形成	運動と休息の調和	健康
情緒の安定	特定の保育者と応答的に触れ合い、情緒的な絆を形成する	あたたかなやりとりによる心の安定	自我の育ちへの受容と共感	自立性・主体性の育成	自己肯定感の確立と他者の受容	心身の調和と安定を育む

教育

乳児3つの視点	領域	乳児	1歳児	2歳児	領域	3歳児	4歳児	5歳児
健やかに伸び伸びと育つ	健康	・身体機能の著しい発達 ・食事・睡眠などの生活リズムの芽生え	・一人歩きの確立による行動範囲の拡大 ・探索遊びの充実	・運動・手指の機能の発達 ・基本的生活習慣の芽生え	健康	・何事にも意欲的に活動 ・基本的生活習慣の自立を確立	・健康への関心 ・安全への意識	・健康増進への意識の高まり ・豊かな活動への意欲
身近な人と気持ちが通じ合う	人間関係	・特定の大人との深い関わりによる愛着の形成を育む	周囲の大人、子どもへの関心	自我の育ちによる自己主張の表出 友達との関わりの増大	人間関係	道徳性の芽生えと遊びの充実	・仲間と深いつながり ・年少児への思いやり	・社会性の確立 ・自立心の育成
身近なものと関わり感性が育つ	環境	身近な環境への好奇心を高める	身近な環境への好奇心を高める	自然事象への関心 関わり	環境	身近な環境への積極的なかかわり	社会事象への関心の高まり	社会、自然事象への関心
	言葉	応答的なかかわりによる喃語の育ちと言葉の芽生え	一語文・二語文の獲得	言葉のやりとりを楽しむ	言葉	言葉による表現力の広がり 生活の中で、必要な言葉の理解と活用	伝える力・聞く力の獲得	文字への関心の高まり 発展
	表現	色々な素材に触れ、親しむ	色々な素材に触れ、親しむ	象徴機能の発達とイメージの拡大	表現	自由な表現と豊かな感性の育ち	豊かな感性による表現	ダイナミックな表現 感動体験の共有

その他

健康支援	○健康及び発育発達状態の定期的、継続的な把握 ○年間保健指導計画	○嘱託医による健康診断 ○年2回、毎月の嘱託医による健康診断 ○各園共通及び保育中の状態観察、また異常が生じた際の適切な対応
食育の推進	○栄養バランスを考慮した食事の提供	○給食の提供 ○行事食の実施 ○クッキング保育・菜園作りの実施 ○ランチルームの活用
環境・衛生管理 安全対策・事故防止	○保育室、園庭など施設内外の環境認識、用具及び消毒液、安全管理 ○避難訓練・消火訓練の実施 ○被災時における対応と備蓄の実施	○子どもの清潔保持及び職員の衛生管理 ○保育計画の作成と保護者との情報共有 ○保護者への引き渡し訓練の実施
子育て支援	○保護者の要望を踏まえつつ、保育目標の理解を促す。○子どもの成長を共に喜び合えるパートナーシップの形成に努める。	○各家庭の状況を把握すると共に、子育て支援のニーズを理解する。
職員の資質向上	○職員の資質向上のため、どの職員にも平等に研修に参加する機会が与えられるよう配慮する。	○園内外の研修への積極的な参加を進めると共に、参加報告の機会を設けることで情報の共有化に努める。

(1) 長期指導計画…年間，期，月（表12－2，表12－3）

　長期指導計画は1年，各期，月ごとに長いスパンで立てられる計画である。年間計画は，毎年その年度の始めにクラスの子どもたちが園・保育所でどのような経験し，生活していくのかを見通して立案するものである。その際，子どもの発達の姿の理解のもと，1年後の子どもの姿を予測して立てることが大切である。

　期別指導計画（期案）・月別指導計画（月案）は，期または月ごとの計画である。年間計画と関連付けながら，子どもの育ちや季節を見通した計画が立てられている。また，園の行事や地域性など，身近な生活と関連付けながら計画を立てることにより，豊かな経験への保障につながる。

　なお，乳児の場合，子ども一人ひとりの月齢差や個人差を考慮し，個々の指導計画を作成する。子どもの月齢に応じて個別に立てることにより，身体機能の発達や言語発達，また離乳食の進度など実際の子どもに即した計画になる。

　例えば，同じ0歳児クラスの子どもであっても4か月の子どもと，10か月の子どもでは，発達やそれに伴う遊び，また食事面でも大きく異なる。また，同じ子どもの計画であっても，5月の計画と12月の計画では，離乳食のステップが異なり，全身運動の育ちが見られるなど発達面，生活面共に大きく異なる。そうした乳児の発達的な特徴から，個別の計画の立案が必要となるのである。

(2) 短期指導計画…週，日（表12－4）

　短期指導計画は，1週間，1日など，短いスパンで立てられる計画である。より実際の子どもの育ちに即した形で立案され，またより具体的な内容が示されたものとなる。例えば，離乳食が進んだ頃，握る力がついてきたので食事の時間にスプーンを持たせてみようということであったり，先週まではガラガラを持って遊んでいたが，今週は違う遊びに関心が移ったようだという見取りであったりというような詳細な情報が記載される。週案，日案がそれぞれに立てられる場合もあれば，週日案として立てられることもある。

　短期指導計画は，長いスパンである長期指導計画で示されたねらいのもとに活動が計画される。各指導計画をこうした連続性や関連性の視点で確認してみよう。

(3) デイリープログラム

　デイリープログラムとは，生活時間の指標となるものである。子どもたちの登園，午前の遊び，昼食，午睡，おやつ，午後の遊び，降園といった一日の活動の目安を表したものである。子どもたちの園での生活リズムが，一定で規則正しく安心して過ごせるように立てられる。日案と似ているが，日案はデイリープログラムを元に，日ごとに変わる子どもたちの経験してほしい内容を示すものである。

> ◎調べよう！
> 3歳未満児クラスと3歳以上児クラスのデイリープログラムを調べ，比較してみよう。

表12-2 年間指導計画（0歳児クラス）

年間目標
- ○安全な環境でのびのびと生活し、心地よく過ごせるようにする。
- ○欲求を受け止めてもらい、保育士等との愛着関係を築く。
- ○感覚の発達を豊かにし、身の回りの物事への興味や関心を広げる。

〈長時間配慮保育〉
- ○安全で心地よく過ごせる環境を用意する。
- ○授乳・睡眠・遊びなどの個々の生活リズムを大切にして、快適に過ごせるようにする。

期	I期（4・5・6月）	II期（7・8・9月）	III期（10・11・12月）	IV期（1・2・3月）
行事・地域支援	誕生会　身体測定　避難訓練　保育参加　保護者会懇談会　こどもの日祭り　園庭解放	誕生会　身体測定　避難訓練　保育参加　七夕集会　引き渡し訓練　夏期保育　保育参加	誕生会　身体測定　避難訓練　保育参加　ちびっこパーティー　冬期保育　個人面談	保護者懇談会　節分・豆まき　ひなまつり集会　卒園式　誕生会　身体測定　避難訓練　保育参加

ねらい

I期
- ・子ども一人ひとりの育ちを理解し、新しい環境に緩やかに適応できるようにする。
- ・担当の保育者とのかかわりを通して、生理的欲求を満たし、情緒的な安定を促す。
- ・手指の発達に適した玩具で楽しむ。
- ・戸外遊びや散歩を発信したりする。

II期
- ・家庭との連携を密にし、体調管理に十分に気をつけて健康に過ごせるようにする。
- ・身近な信頼できる保育者に気持ちを受け止めてもらい安心しながら楽しく遊びを展開する。
- ・砂遊びなど安心しながら楽しく遊びを展開する。

III期
- ・戸外遊びや散歩を通して、自然に触れて遊んだりする。
- ・安心できる環境の中で、指差しや喃語で自分の思いを表そうとする。

IV期
- ・戸外遊びを通して外気に触れ、寒い中でも健康に過ごす。
- ・自分のやりたい気持ちを受け止めてもらいながら、満足感を得て過ごす。
- ・様々なものへの興味や好奇心が広がり、探索遊びを楽しむ。

子どもの育ち

～6か月未満
- ・授乳、排泄、睡眠などのリズムが一定になってくる。
- ・首がすわり、寝返りが見られる。
- ・玩具に手を伸ばしたり、触れようとしたり、握ろうとする。
- ・要求を泣いて表す。
- ・機嫌が良い時には声を出して遊んだり、戸外遊びや散歩を楽しんだりする。

6か月～9か月未満
- ・離乳食の1回食、2回食が始まる。
- ・人見知りや保育者、保護者への後追いが見られる。
- ・自由に寝返りをし、腹這いやずりばいで移動しようとする。
- ・ひとり座りが安定する。
- ・目に入るものに関心を示す。

9か月～12か月未満
- ・離乳食の3回食を食べ始める。
- ・手づかみ食べなどで、自分で食べる。
- ・ハイハイが進み、つかまり立ち、つたい歩きをするようになる。
- ・保育者に指差しや喃語で自分の思いを伝えようとする。

12か月～1歳6か月未満
- ・離乳食の完了食に向けて食事を進める。
- ・フォークやスプーンを使おうとし始める。
- ・伝い歩きからひとり立ち、ひとり歩きを始める。
- ・一語文が出てくる。
- ・身近な友達に関心を示す。

1歳6か月～2歳未満
- ・探索遊びを楽しむ。
- ・砂場遊びなどでスコップを使っての遊びを楽しむ。
- ・フォークやスプーンを使って食事をする。
- ・友達への関心が広がり、模倣遊びを楽しむ。
- ・自我が芽生え始める。

環境構成・援助・配慮

～6か月未満
- ・子どもが泣いている意味を見極め、適切に対応するように心がけ、お要求を満たしつつ、常に安定して過ごせるようにする。
- ・玩具はこまめに消毒し清潔を保つ。
- ・子どもの育ちを引き出せるよう、魅力的な玩具を用意したり、言葉をかけて誘うなどする。
- ・担当保育者との一対一の関わりを大切にする。
- ・睡眠中は保育者が目をそばにつき、呼吸や顔色などを5分ごとに確認する。

6か月～9か月未満
- ・子どもの不安などの思いを受け止め、適切に対応するように心がける。
- ・安全な環境に配慮し、ハイハイや歩きを楽しめるようにし、転倒時の怪我が広がらないよう、安全を心がける。
- ・柔らかい素材のクッションを用意するなど、室内環境を整える。
- ・指差しや喃語などの発信を受け止め、応答的に対応する。
- ・SIDS予防に心がける。

9か月～12か月未満
- ・離乳食では、自分で食べようとする意欲を大切にする。
- ・安全な環境に配慮し、つかまり立ち、つたい歩きが楽しめるよう、安全を心がける。
- ・安全を心がけるとともに保育室だけでなく、戸外でも子どものびのびと歩行や探索ができるように配慮する。
- ・喃語や一語文を受け止め、友達を仲立ちとして友達に関心を持つ。
- ・SIDS予防に心がける。

12か月～1歳6か月未満
- ・色々な食材を食べようとする分で食べるなどの食べる意欲を育てる。
- ・自分でできることが増えてくるので、自立しようとする姿から、仲立ちできるように配慮する。
- ・自我の芽生えを受け止める。
- ・SIDS予防に心がける。

1歳6か月～2歳未満
- ・探索遊びを楽しめるように、室内環境の工夫をしたり、戸外遊びの経験が増えたりするように計画する。
- ・友達への関心が広がる姿から、共に生活することの楽しさが感じられるようにする。
- ・繰り返し遊びが芽生える。
- ・自分の思いを受け止め、自我の芽生えを大切にする。

子育て支援

I期
- ・受け入れ時や連絡帳を通して、保護者との連携を密にする。
- ・保護者の要望を受け止めつつ、家庭状況を把握する。

II期
- ・アレルギー対応を含め、家庭での離乳食の進み方や食体験について、情報を共有しながら離乳食を進めていく。

III期
- ・離乳食の進捗や家庭での状況を合め、情報共有する。活動の活発になるので上下服などの着脱しやすい服装などの用意をお願いする。

12か月～1歳6か月未満
- ・保護者の思いを受け止め、子どもの成長の姿を共に喜び合えるようにする。

IV期
- ・保護者の思いを受け止めつつ、自我の芽生えは成長の証だと伝え、家庭での育児の相談に応じるなどする。

表12-3　月次指導計画（月案）例　0歳児クラス　5月

ねらい	・子どもたちが園での生活，授乳や離乳食，睡眠など安心して過ごせるようにする。 ・保育者とのふれあい遊びや手遊びなどを楽しみ，愛着関係を深めていく。 ・散歩などの外遊びを取り入れ，感受性を養う	食育	・子どもたち一人ひとりの育ちや食べ方を見ながら，個々に合わせた授乳や離乳食の提供を行う。 ・安心した環境で，授乳や離乳食を摂れるように心がける。	行事予定	誕生会 こどもの日祭り 園庭解放
家庭との連携	・連絡帳，また受け入れ時や降園時に，体調や家庭での様子などをこまめに確認し，子どもの体調の変化に気づけるようにする。 ・感染症などの流行の兆しが見られる時には，速やかに伝える。	考察・評価	・慣れない環境のせいか，体調を崩して休む子どもが多かった。感染症なども見られたため，家庭との連携を取りつつ子どもの体調に合わせた保育を進める必要がある。 ・園庭での遊びを楽しむ様子が見られるので，砂場遊びや探索遊びが十分に楽しめるよう配慮したい。 ・散歩などを通し		

月齢	あおい（0歳5か月）	まさき（0歳10か月）	けいし（1歳1か月）	
子どもの姿	・授乳の要求が見られ，授乳間隔が安定してきている。哺乳量が十分なようで，睡眠もぐっすりとしている。 ・寝返りが頻繁になり，一人座りも安定してきた。 ・玩具に関心を持ち，手を伸ばしたり持とうとする様子が見られる。	・離乳食がすすみ，指差しなどで食べたいものを要求する様子が見られる。 ・手すりを使って立ち上がろうとしたり，壁つたいにつたい歩きをしようとしたり，立ち上がって歩くことに意欲的な様子が見られる。 ・感触遊びが好きで，意欲的に手を伸ばして触るなどを楽しむ様子が見られる。	・入所当初は泣くことが多かったが，特定の保育士との関わりを介して笑顔も見られるようになった。 ・咀嚼力が弱いため，栄養士や調理員との連携のもと，食材を食べやすくカットするなどを心がけたい。 ・保育士とのふれあい遊びを楽しみ，絵本にも関心を示している。	
養護	・授乳や睡眠など生活リズムが安定し，目覚めている時に機嫌よく過ごせるようにする。 ・喃語に優しく応答されながら，安心感が持てるようにする。	・園の生活に慣れてきた様子が見られる。 ・食事や睡眠など生活リズムが安定し，特定の保育士とのふれあいで安心して過ごせるようにする。	・生活リズムが整い，午睡は保育士がそばにいると安心して入眠している。 ・朝の受け入れ時などは泣いていることが多いが，本児が安心して過ごせるよう保育士が丁寧に関わり，不安が取り除けるようにする。 ・食が進まないことがあるので，食べやすさや安心を心がけ，促していきたい。	
教育（三つの視点）	・腹ばいで遊ぶ時には安定した姿勢で，玩具に関心が持てるように配慮する。掴みやすい玩具や音の出る玩具などを用意する。 ・特定の保育士とのふれあい遊びを十分に楽しみ，愛着関係が形成できるようにする。 ・静かな環境のなか，見守られ安心して眠ることができる。	・ハイハイでの移動やつたい歩きが安全に楽しめるように配慮する。 ・お気に入りの玩具を手に持ち楽しめるように，本児の近くに置けるように配慮する。掴んだり，投げたりと玩具と親しむ環境を用意する。 ・特定の保育士とのふれあい遊びを十分に楽しみ，愛着関係が形成できるようにする。	教育（五領域）	・砂場で砂の感触を楽しむ遊びを好む姿があるので，十分に楽しめるようにする。 ・特定の保育士を介して環境に関わっていく。 ・「ママ」「ワンワン」などの一語文が現れてきたので，発語を受け止め応答的に返していくようにする。 ・絵本への関心があるので，一対一でゆったりと関わり，安心と絵本への興味を育む
環境構成・援助・配慮	・寝返りしても危険がないよう，周囲の寝具の状態や安全なスペースを確保する。 ・初めての環境で不安があることを考え，本児が安心して過ごせるよう一対一で関わったり，ふれあい遊びを通して愛着関係を築いていく。 ・落ち着いた環境のなかで，授乳が進められるように心がける。	・園の生活に慣れ，落ち着いて過ごしている。また，自ら好きな玩具を見つけたり，他児の玩具を興味深そうに見たりするなど意欲が見られる。 ・食事は自ら食べようとする意志が見られるので，引き続きその気持ちを大事にしてさらに食事への関心が高まるようにしていきたい。	・午前中は泣いていることも多いが，午後は遊ぶ姿が見られるようになった。特定の保育士とのふれあい遊びや関わりを通して，園での生活に少しずつ慣れていくように配慮する。 ・好きな遊びが見つかるよう，保育士の提案のもと，いろいろな遊びに気がつけるよう配慮する。 ・咀嚼力が弱いので，食事の食べやすさに配慮したい。	

12章　乳児保育のための指導計画－計画，実施（記録），評価－

表12-4　週次指導計画（週案）例　0歳児クラス　5月

週のねらい	子どもの姿	行事
・天気の良い日には砂遊びを楽しんだり，戸外での散歩を楽しむ。 ・様々なものに意欲的に関わり興味を示して，触ったり，触れようとする。 ・保育士との愛着関係のもと，落ち着いた環境のなかでゆったりと睡眠する。	・月齢の高い子どもたちは，探索活動を楽しむ姿が見られる。 ・砂・水などの自然物の感触に親しむ姿が見られる。 ・感染症の流行があり，欠席をする子どもが多い。	園外保育 園庭解放

	5月23日（月）	5月24日（火）	5月25日（水）	5月26日（木）	5月27日（金）	5月28日（土）
活動計画	室内遊び 探索遊び	室内遊び 探索遊び 散歩（園外）	室内遊び 探索遊び 園庭で外気浴	室内遊び 探索遊び 園庭で外気浴 砂場遊び	室内遊び 探索遊び 園庭で外気浴 砂場遊び	異年齢による合同保育 室内遊び 園庭で外気浴
予想される子どもの姿	・休み明けで体調が優れない子どもがいる。 ・室内での遊びを楽しもうとする姿が見られる。	・室内で安心して好きな遊びを楽しむ。 ・園周辺の散歩を通して，戸外で過ごすことの心地よさを感じる。	・園庭解放で多くの子どもの様子に戸惑う子もいる。 ・保育士とのふれあい遊びを通し，落ち着いて遊びを展開することができる。	・室内遊びでは，好みの玩具で遊ぶ姿が見られる。 ・砂場での遊びを楽しむ子どもがいる。	・室内で安心して好きな遊びを楽しむ。 ・前日の遊びの繰り返しを期待感を持って取り組む。	・普段とは異なる環境で過ごすため，戸惑う様子が見られる。
援助・配慮	・受け入れの視診を丁寧に行い，休み中の子どもの様子について把握するようにする。 ・活動時間にゆとりを持つようにし，子どもがたちがゆったりと過ごすことができるようにする。 【環境】 玩具　絵本	・子どもたちの行動範囲が広がっているので，室内では十分に探索遊びが楽しめるように環境を整える。 ・散歩では，無理なく移動ができるように，子ども一人ひとりのペースに配慮したい。 【環境】 玩具　絵本 帽子 散歩用リュック バギー　シート	・園庭解放で，多くの親子が訪れるため，環境の変化に戸惑うことのないよう，ゆったりと過ごせるように配慮する。 ・保育士とのふれあい遊びでは，一人ひとりと丁寧に関わるようにする。 ・体調の変化に留意する。 【環境】 玩具　絵本	・子どもたちの様子に合わせて戸外と室内で分かれたりと少人数でゆったりと過ごしやすい環境を作っていく。 ・活動量が増えて，疲れやすくなることに配慮し，活動後にはしっかりと休息を取れるようにする。 【環境】 玩具　絵本 砂場遊びの道具 スコップ 型など	・週の後半にきているので，疲れも見られるようになることが予測されるため，体調の変化に留意する。 ・子ども一人ひとりの好きな遊びを把握し，期待を持って遊びに取り組めるように配慮する。 【環境】 玩具　絵本 砂場遊びの道具 スコップ 型など	・異年齢合同保育で普段とは違う保育室で過ごしたり，保育士が通常とは異なるため，保育士同士の連携を密にし，子どもたちが落ち着いて過ごせるようにする。 【環境】 玩具　絵本

　こうした計画は，子どもたちが豊かな生活を送るための見通しであり，仮説でもある。保育実践を通して振り返り，明日の保育を見直したり，再考したりするための目安となるものである。通常こうした計画は，前年度の計画を参考に立てられることが多いが，子どもの姿は毎年異なり，また時代によっても変化する。日々の保育実践の反省に基づき，週案をそして月案，期案を見直し，時には年間計画を修正することにより，指導計画は今目の前にいる子どもの姿に適したものとなっていく。ひいては，全体的な計画や保育の目標を修正することもある。こうしたプロセスを計画のフィードバック過程という（図12－1参照）。

図12-1　計画のフィードバック過程

3. 保育における記録とは

1 記録の重要性

指針には，記録について次のような記載がある。

> エ　保育士等は，子どもの実態や子どもを取り巻く状況の変化などに即して保育の過程を記録するとともに，これらを踏まえ，指導計画に基づく保育の内容の見直しを行い，改善を図ること。
> （第1章総則　3保育の計画及び評価(3)　指導計画の展開）

記録とは，保育実践を文字化したり図式化したりすることである。時にはビデオなどの媒体を使い，映像を通して自らの保育を見つめ直し，職員間の研修に用いることもある。記録をする際には，子どもの遊びの充実や育ちに視点を置く場合と，設定したねらいや内容の実際を通して保育者自身の実践の振り返りに視点を置く場合がある。

いずれの視点であっても計画を実行に移し，その様子を記録に表すことにより，保育中には気がつかなかったことや意識していなかったことに改めて気づくきっかけにもなり，自らの保育を客観的にとらえることができるのである。

河邉貴子＊（2016）は，記録の重要性を次のように述べている。

①子ども理解を深め，次の保育の構想の根拠となる。
②子どもとの関係を省察し，保育者の資質の向上を図ることができる。
③保育者間で子ども理解を共有するためのツールとなる。
④保護者と園が共に子どもの育ちを支えるための情報となると共に，園の保育を理解してもらうために役立つ。

つまり，記録という媒体を通して保育を可視化でき，それをツールとして，自らの保育の振り返りだけでなく，保育者同士，また保護者との情報共有が可能になるのである。

＊河邉貴子編著『目指せ記録の達人！』フレーベル館, 2016

2 記録の実際

　ここでは，記録の実際について見ていく。記録にはいくつかの形があるが，保育の現場で日常的に一番多く用いられているのが，文字化する方法である。実習経験のある学生は，実習日誌を思い浮かべていただければと思う。実習日誌とは内容や量が異なるが，実践の振り返りという点では共通している。
乳児保育における記録で留意したい点としては次の事柄である。

（1）具体性があること

　「今日は楽しく遊びました」などといった漠然とした記録内容ではなく，具体的に「ごっこ遊びをして」「○○ちゃんと楽しく関わり」など具体的な記録が次の活動の構想へ繋がる。エピソード記録を心がけることが大切である。

（2）継続すること

　記録は継続してこそ，生きてくるものである。この時期の子どもの様子から次の時期の様子への変化を知るためには，どのような形であれ継続することが大切である。

　詳細な記録を残さなくてはという思いから，記録が重荷になってしまったり，後回しになったりしては，継続的な記録を残すことができない。継続できる方法を保育者同士で話し合い，相談することも大切である。

（3）伸びゆく子どもへの視点があること

　子どもの成長への心配から，「落ち着きがない」や「お友達への乱暴が心配」といった表現を記録として残すことがある。子どもの姿に一度そのような否定語を重ねることにより，子どもの良いところが探せなくなるということもある。子どもは伸びゆく存在であることを心の軸に，できるだけポジティブな表現を心がけることで，子どもの良いところを伸ばせるような保育を心がけることが大切である。

　保育における記録は，毎日の保育を記録して残す「保育日誌」，発達に関する記録，人との関わりの記録，基本的生活習慣における記録などがあり，多方面から子どもの生活を記録し，援助に繋げられるような工夫が見られる。

3 保育日誌とは

（1）作成と展開

　保育日誌とは，毎日のクラスの保育について記録する日誌である。活動の実際を残すとともに，保育者自身の振り返りになる。保育日誌には，その日の活動内容と保育のねらい，子ども一人ひとりの健康状態や生活の様子などが記される（表12−5参照）。このように，低年齢クラスでは，個別の計画が立てられると同様，日誌も個別に記録され，個々の子どもの状態を記し，明日の保育につなげ

ていく。

（2）乳児保育における評価とは…PDCA サイクル

要領には，評価について次のように述べられている。

> 園児の実態及び園児を取り巻く状況の変化などに即して指導の過程についての評価を適切に行い，常に指導計画の改善を図るものとする。
>
> 「幼保連携型認定こども園教育・保育要領」
> 第1章　第2節2指導計画の作成と園児の理解に基づいた評価
> (2)指導計画の作成上の基本的事項

　評価とは，保育の計画に基づいた実践について記録をとることにより，子どもの育ちと保育の振り返りを行うことで，計画の改善につなげていく一連の過程のことをさす。そのプロセスのことを PDCA サイクルと呼んでいる。PDCA とは，P（Plan 計画）・D（Do 実践）・C（Check 省察・評価）・A（Action 改善）であり，このプロセスが繰り返されることにより，保育の質の向上が図られる。

事例 12－1 ： 1 歳児クラス　10 月

　A男は，砂遊びが好きで，外遊びの時間には決まって砂遊びを楽しんでいる。スコップでプリンカップや型に砂を入れては返す遊びを繰り返しており，保育者はこうしたA男の姿から，週案として指先の巧緻性を育むことを目的に砂遊びを十分に楽しめる計画を立てる。A男の様子から繰り返しを好むので，同じ型とスコップを環境として用意している。

　ある朝の自由遊びの時間，いつものように砂遊びを楽しむA男をふと見ると，皿に返した砂の型をみて，アムアムと食べるふりをしている。A男の「みたて遊び」が始まった瞬間であった。その姿に対し，保育者も「Aちゃん，おいしいね，アムアム」と食べるふりをすると嬉しそうに，フリ遊びを楽しむA男であった。保育者は，こうしたA男の姿から，繰り返しの砂遊びから，みたて・ふり遊びのある砂遊びを見てとり，翌日の日案並びに，次週からの週案における砂遊びの位置づけを「指先の巧緻性を育む」に加え，「イメージを豊かに育む」とし，皿や型の種類を増やすなど環境を整えた。

　事例12－1は，1歳児クラスの実践例である。1歳児の初めの頃の砂遊びは，砂を型に入れて返すことそのものを楽しむ時期である。こうした手指を使った遊びの繰り返しを通し，指先の巧緻性を育むことが期待できることから，この時期のねらいとして砂遊びを位置づけている。しかし，A男の遊びの質が変わり，砂の塊を何らかになぞらえる「見立て」が始まったことがうかがえる。象徴機能やイメージが芽生え始めた証である。このような姿から，砂遊びのねらいとして，引き続き指先の巧緻性を育むことを計画の中に残しつつも，「イメージを豊かに育む」とし，それまでの砂遊びの道具に，「見立て」が楽しめるような型を用意

144

12章　乳児保育のための指導計画－計画，実施（記録），評価－

表12－5　保育日誌（例）

5月23日（月）	天気	室温	湿度	在籍数	出席数	欠席児・欠席理由
	曇り	22度	40%	4人	3人	○○○○○ 感染症

活動		ねらい
室内遊び	ふれあい遊び 音の出る玩具 絵本　歌	落ち着いた環境のなかで，安心して過ごす ふれあい遊びで保育者と共にゆったりと楽しむ。

園児名	健康状態	検温	睡眠	排泄	食事・授乳・おやつ	一日の様子
あおい （5か月）	やや不良	AM9:30 37度 PM13:50 37.3度 16:50 36.5度	10:15- 10:50 13:10- 13:45 15:45- 16:25	11:05 普通	午前 M160CC 昼食 M160CC 午後 M170CC	午前中は元気よく過ごしていたが，午睡後に体温の上昇が見られた。様子を見ながら，再度検温した際には平熱が戻ったが，保護者に伝達した。
みか （6か月）	欠席	AM PM			午前 昼食 午後	おやすみ
まさき （10か月）	良	AM9:42 36.8度 PM15:00 36.5度	9:30- 10:00 12:30- 14:00	15:10	午前 　白湯20CC 昼食 　離乳食 M50CC 午後 　バナナ M20CC	食欲もあり，元気に過ごした。好きな玩具（音の出る玩具）で遊んだり，保育者を後追いして笑顔を見せるなど，穏やかに過ごした。
けいし （1歳 1か月）	普通	AM9:40 36.5度 PM14:50 36.8度	12:30- 14:30	10:00	午前 昼食 午後	休み明けで初めは泣いていたが，すぐにお気に入りの玩具で遊び始めた。保育者が絵本を見せると関心を持って寄ってくる様子も見られた。

するなど環境を再構成している。

　このように，子どもの育ちとともに，計画を修正し，一人ひとりの育ちが豊かになるような計画を立案することが大切である。

　これまで見てきたように，保育者は子どもの健やかな育ちを願い，計画を立て，実践を通して振り返りを経て，次の援助につなげている。こうした保育者のたゆまない保育の工夫の循環のもとに，子どもたちの安全で健康的な生活が保障されるのである。

【参考文献】

　秋田喜代美・馬場耕一郎監修，阿部和子編『保育士等キャリアアップ研修テキスト１
　　乳児保育』，前原寛「第５章 乳児保育の指導計画，記録および評価」中央法規出
　　版，2018

　保育総合研究会編『平成30年度施行 新要領・指針サポートブック』世界文化社，
　　2018

第 **13** 章

保育者の役割と責務について

〈学習のポイント〉　①乳児保育を担当する保育者の心がまえと役割を考えてみよう。
　　　　　　　　　②乳児保育を担当する保育者の子どもへの適切な関わりを考えてみよう。
　　　　　　　　　③保育所における乳児保育を担当する保育者の専門性を考えてみよう。

1. 保育者の心がまえと役割

1 保育者としての心がまえ

　保育者養成校で保育を学ぶ学生の多くが，子どもが好きで子どものことをもっと学びたいという思いで保育を学んでいるものと思われる。また，保育士や幼稚園教諭，保育教諭などの保育者（前述の３つを含む総称として使用）を目指すなかで「好きだけでは務まらない専門的な仕事である」ことも，学びを進めるたびに実感をともなってますます認識していることだろう。

　保育者としての心がまえについては，実習指導を中心として様々な授業のなかで触れられており，繰り返し学びながら身につけていくものと思われる。

　保育者にはどのような心がまえが必要とされ，どのように認識されているのだろうか。例えば，「全国保育士会倫理綱領*」では次のように記されている。

> **全国保育士会倫理綱領**
>
> 　すべての子どもは，豊かな愛情のなかで心身ともに健やかに育てられ，自ら伸びていく無限の可能性を持っています。
>
> 　<u>私たちは，子どもが現在（いま）を幸せに生活し，未来（あす）を生きる力を育てる保育の仕事に誇りと責任をもって自らの人間性と専門性の向上に努め，一人ひとりの子どもを心から尊重し，次のことを行います。</u>
>
> 　　私たちは，子どもの育ちを支えます。
>
> 　　私たちは，保護者の子育てを支えます。
>
> 　　私たちは，子どもと子育てにやさしい社会をつくります。
>
> （下線は筆者による）

　保育所は，「児童福祉法」（昭和22年法律第164号）に基づいて，保育を必要とする子どもの保育を行い，その健全な心身の発達を図ることを目的とする児童福祉施設である。「保育所保育指針」の第１章総則には，保育所は「入所する子どもの最善の利益を考慮し，その福祉を積極的に増進することに最もふさわしい

*「全国保育士会倫理綱領」：2003年に，全国の保育所に働く保育士を中心とする保育者の組織である全国保育士会とその親団体である全国保育協議会が採択した保育所保育の倫理綱領。

生活の場でなければならない」とされている。2016（平成 28）年に改正された「児童福祉法」では，子どもが，改正前までは保護される対象と示されていたものから，権利の主体であることが明確にされた。改正前は「すべて国民は…」から始まっていたが，改正後の第 1 条には「全て児童は，児童の権利に関する条約の精神にのつとり，適切に養育されること，その生活を保障されること，愛され，保護されること，その心身の健やかな成長及び発達並びにその自立が図られることその他の福祉を等しく保障される権利を有する。」と定められるようになった。この理念のもとに，保育所が子どもにとって最もふさわしい生活の場となるように，子どもにとって安全で安心できる環境を整えたり，様々な人と関わりながら豊かな経験ができるよう保育の展開を計画したり，家庭との緊密な連携をとったりしながら，保育士を中心として子どもの育ちを支える。

　保育者には，子どもの育ちを支えるという目的があり，そのためには子どもを取り巻く環境である保護者や地域社会の子育てにも支援を行うことが求められている。「保育所保育指針」には「第 4 章　子育て支援」として保育所を利用する保護者に対する子育て支援だけでなく，地域の子育て家庭への支援を行うことが保育所の役割であるとの考えが示されている。保育者を目指す学生にとっては，その目的を理解することで，保育者の役割やその責務を考察することができるだろう。

　保育者には，子どもが子ども時代を生き生きと充実を感じながら生きることができるようにその育ちを支え，子どもの未来を信じて，子どもに関わっていくことが求められる。そのためには，子ども一人ひとりを大切に思い，倫理観をもって子どもやその保護者に関わる必要があることを理解したい。

2 乳児保育を担当する保育者の役割

（1）安全に安心して過ごせる環境を整える

　乳児は，心身の様々な機能の未熟さにより感染症などの疾病にかかりやすく，また重症になる時期であることが推察される。そのため，保育者は，乳児一人ひとりの発育や発達状態，健康状態などを家庭との密な連携により把握し，保健的な対応をすることが求められる。生命の保持が最優先される乳児期は，安全で保健的な環境として保育室を整えたい。

　安全面においては，乳児にとって遊びの一つである「ハイハイ」や「寝転がり」など床に直接触れることが多いと思われ，乳児は何でも口に入れ確認や認識をすることもイメージできるため，まずは衛生的な環境を整えることが望まれる。そのため，保育者は掃除や消毒など衛生的な環境を整えるための手立てを尽くすようにしたい。また，乳児の場合，乳幼児突然死症候群（SIDS）などの死

13章　保育者の役割と責務について

亡例も報告がなされているように，保育の場で起こるだろうことを想定しながら，安全を確保し，保育中の事故防止に努めることが必要となる。ベッドなどの寝具などの点検，家具などの備品配置など安全に関しての想定例を保育者同士で話し合いながら，安全な環境を確保できるようにする。「保育所保育指針」には「第3章　健康及び安全」に衛生管理や事故防止，安全管理について示している。2017（平成29）年に告示された「保育所保育指針」には「災害への備え」として，施設設備等の安全確保や，災害発生時の対応体制と避難訓練などの備えについて明記している。特に災害発生時の対応や事後対応など，東日本や熊本での災害を機に，保護者への連絡と引き渡しについて保護者との連携を日ごろから密にすることや，地域との関係機関の連携が必要とされている。保育者には，いざというときに円滑な連携と支援などの協力を得られるように，情報収集や地域との関係を築くことのできるような働きかけを日ごろから丁寧に行うことも必要とされている。

　また，保育所や幼保連携型認定こども園での保育時間は長時間となることが想像されるため，乳児にとって穏やかで落ち着いてくつろいで過ごせるような保育室を整えたい。乳児にとっては，家庭と保育の場とに二分される生活だが，保育者は家庭と連携をしながら24時間を視野に入れ，家庭的な雰囲気のなかで過ごせるように工夫を重ねることが必要となるだろう。

(2) 愛情豊かに関わる

　乳児期は，心身ともに短期間に著しい発育・発達を見せる時期である。母親の体内から外界へと乳児の環境が劇的に変化するなか，生後間もなくから視覚・聴覚などの感覚や，運動機能が著しく発達する。自分の意志で体を動かせるようになると，次第に身近なものに興味をもつようになる時期となる。身近にいる特定の大人に，子ども自身の気持ちを表情や体の動きや喃語等で表現するようになるが，それに応答的に関わる特定の大人との間に情緒的なきずなが形成され，人に対する基本的信頼感が育まれていくようになる。例えば，乳児が保育者を見て，手足をバタバタと動かしたり，じっと見つめたり，喃語などで声を出したりすることがあるが，保育者は優しく微笑み返したり，乳児の気持ちを想像しながらその気持ちを言葉として語りかけたり，絶えず子どもに関心を向けていることを伝える。このような保育者の関わりは乳児にとっても心地よいものとなり，次第に積極的に関わろうとする様子が見られるようになるだろう。保育者は乳児の表現から子どもの気持ちを汲み取り，受け止めながら応答的に関わることで，乳児の人への信頼感の育ちとコミュニケーションの基礎につながっていく。

　保育者は，乳児の生理的な欲求を単に満たすだけでなく，様々な表現なども含め，乳児の気持ちをイメージしながらやさしく温かく受容的に関わることで，乳

149

児の気持ちまでも満たし，愛情深く関わり続けることで，乳児はいつも関わる特定の大人である保育者に愛着をもつようになるだろう。

乳児一人ひとりへのきめ細かな観察と配慮を行い，愛情深く関わり，乳児が安心して過ごせるようしたい。

（3）保護者との信頼関係を築く

乳児の保育にあたっては，特に保護者との密接な連携が必要となるため，保護者との信頼関係の構築が重要となる。

保護者のなかには，初めての子育てでわからないことや，一日の中の数時間を子どもと離れて過ごすことへの不安，あるいは子どもの育ちや関わりに関する不安や疑問などをもっている人もあるだろう。

保育者は，保護者の気持ちを受け止めながら，乳児の発達の様子をきめ細かに伝えたり，その成長を一緒に喜んだりと，保護者が子育てに対して前向きになるような配慮と援助をすることが望まれる。保育者には，子どもの育ちに対して，温かく，良さをとらえ，育ちゆく子どもの可能性を見つめる視点が必要であるが，その保育者の視点をもって，保護者に子どもの育ちのとらえ方や乳児への関わり方を，保護者の気持ちに寄り添い，配慮をしながら丁寧に伝えることが必要とされる。また，保護者の子育てを肯定的にとらえ，丁寧に関わることは，虐待防止にもつながる。児童虐待相談対応件数は年々増加していることを考えると，保育者の保護者への丁寧な関わりと相談助言は重要と思われる。子どもへの愛情はあるのに，子どもへの接し方がわからなかったり，子育てを否定的に感じたり，あるいはインターネットの情報などに振り回されて，実際の子どもへの関わり方がわからなかったりすることも推察される。

保護者との信頼関係を築くことは，家庭での子どもの様子や生活経験，保護者の子どもへの接し方などを知ることにもなる。それにより子ども理解を深め，子どもを取り巻く身近な環境を整えることもでき，より良い保育へとつなげることができるだろう。

2．乳児保育を担当する保育者の専門性

■ 保育者の専門性

保育所や幼保連携型認定こども園には，保育に関する専門性をもった職員がいる。例えば，保育所ではその目的のもとに，保育士をはじめ看護師や栄養士等がそれぞれの専門性を認識しながら，協働して仕事を行っている。

13章　保育者の役割と責務について

特に，保育士の専門性に関して，「保育所保育指針」第1章総則に保育士の専門性として次のように示している。

1　保育所保育に関する基本原則

(1)　保育所の役割

　エ　保育所における保育士は，児童福祉法第18条の4の規定を踏まえ，保育所の役割及び機能が適切に発揮されるように，倫理観に裏付けられた専門的知識，技術及び判断をもって，子どもを保育するとともに，子どもの保護者に対する保育に関する指導を行うものであり，その職責を遂行するための専門性の向上に絶えず努めなければならない。

「児童福祉法」18条の4に規定されているように，保育士は名称独占の国家資格であり，資格をもたぬ者がその名を名乗ることを禁止されているように，専門職として求められるものがある。具体的には，「保育所保育指針解説」に次のように示されている。

---

①　これからの社会に求められる資質を踏まえながら，乳幼児期の子どもの発達に関する専門的知識を基に子どもの育ちを見通し，<u>一人一人の子どもの発達を援助する知識及び技術</u>

②　子どもの発達過程や意欲を踏まえ，子ども自らが生活していく力を細やかに助ける<u>生活援助の知識及び技術</u>

③　保育所内外の空間や様々な設備，遊具，素材等の物的環境，自然環境や人的環境を生かし，<u>保育の環境を構成していく知識及び技術</u>

④　子どもの経験や興味や関心に応じて，<u>様々な遊びを豊かに展開していくための知識及び技術</u>

⑤　子ども同士の関わりや子どもと保護者の関わりなどを見守り，その気持ちに寄り添いながら適宜必要な援助をしていく<u>関係構築の知識及び技術</u>

⑥　<u>保護者等への相談，助言に関する知識及び技術</u>

（下線は筆者による）

「保育の仕事とはどのような仕事なのか」と問われたとき，それぞれが自らの幼少期の記憶を紐解き，経験から導き出されたイメージでとらえることが多いように思われる。例えば，「小さい子どもと遊ぶ」ことや「行事の準備の様子」など，これらを思い出すことで保育者の仕事を大まかにぽんやりととらえてしまうことが多いだろう。保育の仕事に関わり，あるいは保育の学びを行っているもの以外には，一般的に，「子どもと遊ぶ」イメージだけがその仕事としてとらえられている場合も考えられるだろう。

しかしながら，保育士は国家資格であり名称独占の専門職である。保育者も同様に専門職として自らの役割を明確に認識することが必要である。

実際の保育をイメージし，上記の専門性と照らし合わせて保育者の役割や仕事をとらえてみるのもよいと思われる。保育所での実習を行ったことのある学生は，その一日の流れのなかで保育士の仕事として理解したことと専門性をつなげて考えてみるのもいいだろう。まだ，保育の場での体験や経験が少ない場合は，映像などの教材を利用したり，あるいは保育の場を想像したりし，上記の専門性と照らし合わせて考え，保育者の専門性について理解を深めたい。

２ 乳児保育を担当する保育者の専門性

保育者の専門性について考察を行ったのちに，乳児保育を担当する保育者としての専門性についても理解を深めたい。乳児を担当する場合は，前述しているように，発達初期の乳児期には生活リズムを形成する時期になるため，一日のなかでは養護的側面からの関わりが重要となる。また，そのような一日のなかでも，乳児にとって身近な人や物と触れ合い，豊かな経験へとつながるような保育となるようにしたい。「保育所保育指針」第２章　保育の内容に示されているように，「乳児保育に関わるねらい及び内容」について，「①健やかに伸び伸びと育つ」「②身近な人と気持ちが通じ合う」「③身近なものと関わり感性が育つ」の３つの視点にまとめられていることを考え，これらの視点が，その後の５つの領域へとつながっていくことも意識できるようにしたい。

まずは，次の表を利用して課題として取り組んでみよう。例を挙げるが，例以外についても考えてみよう。

（例１）　掃除や玩具の安全点検などは，いつどのように行い，それはどのような専門性と結びついているか。

（例２）　授乳，おむつ替え，衣服の着替えなどは，いつどのように行い，それはどのような専門性と結びついているか。

時間	子どもの活動あるいは一日の流れ	保育者の活動と留意点	保育者の専門性との関係

13章　保育者の役割と責務について

3 乳児保育を担当する保育者の子どもへの適切な関わり

　実際の保育所保育の一日の子どもの生活の流れや，保育者の役割と留意点，保育者としての専門性の認識を客観的に考えた後，乳児保育を担当する保育者の乳児への適切な関わりについて，これまでの学びのなかから考えてみよう。

（1）乳児を温かいまなざしで見る

> **事例13−1**
> 　「乳児は会話が成立しないのでどのように関わっていいのかわからない」や「伝わっているかどうか不安になる」などの声が学生から聞こえることがある。乳児の表現は，私たち大人同士でのコミュニケーションとは表現が異なり，手足を動かしたり，じっと見つめたり，こちらに関心があることを示すことが多くみられる。

　子ども理解は保育の基本となる。子どもを理解するのは大人である保育者であり，したがってどのように子どもを理解するのかは，保育者がどのように子どもを見て理解しているかということを映し出したに過ぎない。発達理解においても，個人差が大きい乳児期には特に，一般的に示される発達の指標はあくまでも育ちの流れであり，子ども一人ひとりの環境や経験により個人差があることも念頭に置くべきだろう。できる，できないではなく，乳児が日々のなかで経験を繰り返しあるいは積み重ねながら成長・発達していることに目を向け，可能性を信じることから保育者の温かいまなざしをもって乳児に寄り添いたいものである。

（2）家庭との連携で2分される生活をつなぐ

　生活の主体者である子どもは，一日のうち，家庭で過ごす時間と保育の場で過ごす時間があり，子どもがその変化に対して，落ち着いて安心して過ごすためには1日24時間の全体を視野に入れて子どもに関わり，保育を展開する必要がある。睡眠や覚醒，食事（授乳や離乳食），排泄などの生活リズムを家庭との情報交換のなかで把握しながら，乳児に関わることが重要だろう。保護者との信頼関係構築を行うのは，乳児にとっての環境を整えることにつながる。乳児が日常的に関わる保護者と保育者が，乳児への関わり方を共有することで，乳児にとっての保育の場が安心して過ごせる場となることだろう。

　保育者は，子ども一人ひとりを大切に感じていることを，子ども自身に伝えたり，保護者に伝えたりすることで，保護者の子育てを保育者も一緒に歩むパートナーとしての存在となるようにしたい。そのことで，乳児にとっての安心できる存在となり，関わりも適切なものとなるだろう。

（3）育ちゆく子どもに目を向ける

> **事例13−2**
> 　保育実習生から「この絵本を読むと言葉を覚えますか」「この活動をすると思い

153

やりが身につきますか」などの質問を受けることがある。

　子どもの育ちは長い目で見ることが必要である。例えば今日，絵本を読んだからといってすぐに目に見える変化が起きるとは言えない。保育者が，子どもに絵本の内容として描かれているメッセージを伝えたいという願いをもっていたとしても，急にそのことが日常生活に現れるわけではない。絵本に描かれた世界を遊びに取り入れたり，ふとしたときに内容に関する言葉が表出したりすることはあるが，そのことが保育者の願いと合致しているとは言えない。保育者が子どもの育ちとして期待する願いは，時間をかけて繰り返し体験・経験を重ねながら，子どものなかに息づいていくものだろう。

　ましてや乳児に関しては，現在の関わりが今後どのように表れるかはわからないものである。しかしながら，愛情をもって接することで乳児期が満たされたり，安心して過ごすことができたりすることは，その後の子どもの他者への信頼感など生き方に関わりをもつことである。目の前の乳児にしっかりと向き合いながら，その子どもの育ちに期待をもって関わりたい。

　2017（平成29）年に「保育所保育指針」改定，「幼稚園教育要領」改訂，「幼保連携型認定こども園教育・保育要領」改訂がなされたが，そこでは，幼稚園，保育所，認定こども園はすべて幼児教育の施設として位置づけられた。つまり，3つの施設において行われる幼児教育は同質のものとして，同じ方向に向いて環境を整えることが示されたのである。幼児教育を行う施設として共有すべき事項として，「育みたい資質・能力」「幼児期の終わりまでに育ってほしい姿」（10の姿）が示された。「幼児期の終わりまでに育ってほしい姿」（10の姿）は，「保育所保育指針」第2章　保育の内容に基づいて，子どもの生活や遊びを積み重ねるなかで，幼児教育施設である保育所の保育において「育みたい資質・能力」がどのように育まれているかを示す具体的な姿である。卒園を迎える年度の後半には見られるようになることが期待される10の姿は，到達目標や個別に取り出して指導することではなく，保育の指導において配慮が必要となることである。また，この「育みたい資質・能力」および「幼児期の終わりまでに育ってほしい姿」（10の姿）は，幼児教育ののちも，小学校教育へと子どもの育ちがつながっていくことを目的として，保育者と小学校教師が共有できる「共通の言葉」となる。

　この「育みたい資質・能力」「幼児期の終わりまでに育ってほしい姿」（10の姿）は，幼児教育に当たる3歳以上の保育だけで取り組めることではない。「保育所保育指針」第2章　保育の内容に示される「乳児保育に関わるねらい及び内容」「1歳以上3歳未満児の保育に関わるねらい及び内容」を理解し，乳児期の子どもの育ちが，その後の幼児教育へ，小学校教育へ，未来へとつながることを見通して，子どもの育ちを支え，子どもに適切に関わるようにしたい。

3. 乳児保育を担当する保育者の責務

　子どもを取り巻く環境は日々変化をしている。子どもを取り巻く環境は大人を取り巻く環境であり，それは社会全体の変化とも言える。例えば，私たちの生活はインターネットを中心とした情報で溢れかえり，情報過多のなかで情報に振り回されたり，情報によって自らの行動を決めたりすることも多々見受けられる。自らの思考力や工夫によって回答を導き出すことなく，現代の社会ではインターネットのなかに回答が準備されている場合もある。保護者にとっても子育ての情報として役立てていることも想定できるだろう。しかしながら，生活環境や経験の異なる一人ひとりの子どもに対しては，インターネットの検索に頼っていてはできない適切な関わり方がある場合があり，保育者が直接関わることでこそ適切な助言や援助につながることが推察される。

　上記したような生活に関わる変化だけでなく，子どもの遊び環境の変化，人との関わりにおける変化，体の育ちに関する変化など，様々な変化によってもたらされたものは，子どもの育ちに関わる課題として保育の場で論じられている。

■ 乳児保育の質の向上を目指す

　このように社会の変化に対応し，様々に上る課題に適切に対応するには保育者自身が専門家としての自覚をもち，自らと園の質向上を目指すことが不可欠である。そのためには，研修等が有効であるとされる。

　「保育所保育指針」には第5章　職員の資質向上に次のように示されている。

1　職員の資質向上に関する基本的事項

（1）　保育所職員に求められる専門性

　子どもの最善の利益を考慮し，人権に配慮した保育を行うためには，職員一人一人の倫理観，人間性並びに保育所職員としての職務及び責任の理解と自覚が基盤となる。

　各職員は，自己評価に基づく課題等を踏まえ，保育所内外の研修等を通じて，保育士・看護師・調理員・栄養士等，それぞれの職務内容に応じた専門性を高めるため，必要な知識及び技術の修得，維持及び向上に努めなければならない。

　様々な専門職が協働するなかで，保育士は，保育所保育の中心的な役割を担っている。「保育所保育指針」に示されているように，保育所や認定こども園等で働く保育士やほかの専門職には，専門性をさらに高めることが求められている。

これは，前述したように，子どもの育つ環境である家庭や地域の変化，子どもを取り巻く社会環境の変化と密接な関わりがあり，その変化に対応する力をつけるには研修の活用が重要だと考えられているのである。

研修は，大まかに次の2つに分けられる。

①職場外研修…職務として園外での講習会などに参加して学びを深め，その学びを園の保育者や職員に伝える

②職場内研修…職務として園内で保育者や職員同士で日常の保育実践を検討するなどして，学びを深める

乳児保育は複数担当制で行っており，保育，看護師，栄養士および調理員などが協力しながら行う保育である。それぞれが専門性をもつ集団になるため，乳児保育を担当する専門職同士で話し合い，コミュニケーションをとり，課題を共有するなど，子どもにとって良い環境となるよう研修機会をもつことが必要となるだろう。そのなかで日々の保育の質を向上するための専門職同士の対話を通し，様々な価値観をともなった交流をしたい。

この考え方は，保育者を目指す学生にも通じるものがある。保育所実習や施設実習などを通して，乳児に関わり，乳児保育を担当する保育者の役割を実感すると，同じ方向を向いて保育を行うことの重要性を感じることができると思われる。乳児の保育に関わるにあたって，何を大切にしているのか，どのような方法で行っているのかなど，共有すべき事項をあらかじめ考えておくことで，保育者に尋ねるなどの行動がとれるだろう。自らの実習課題を明確にすることもできるだろう。次の表を利用して課題として取り組んでみよう。例を挙げるが，例以外についても考えてみよう。

（例1）子どもに関わるときに最も大切にしているのは何か

（例2）乳児保育を行う保育室の環境構成で最も配慮をしていることは何か

共有したい事項	保育者の活動と留意点	共有したいキーワード

乳児保育に関わるうえで，学生といえども子どもにとっては大きな影響をもつ人的環境となる。学ぶことの課題をもち，保育者を目指すものとして，保育の質向上を意識して学びを深めることを期待したい。

13章　保育者の役割と責務について

２ 保育の質向上を目指す保育士等キャリアアップ研修

　保育所や認定こども園で働く保育士等には，専門性をさらに高めることが求められている。乳幼児の育つ環境である家庭や地域社会の変化と密接な関係があり，それらに対応するには研修が有効であると考えられていることは前述の通りである。

　各園で取り組まれている職場内研修のテーマとして，職場外研修で学んだことを取り入れる方法があるが，この場合，保育士等キャリアアップ研修を受講した保育士等からの学びを得る場として園内研修に取り入れることが必要でしかも有効だろう。

　保育士等キャリアアップ研修は，保育士等が自身のキャリアパスを見通し，保育所においてリーダー的役割を担う力を育成することをねらいとしている。研修を受講する保育士は，保育所の保育の質向上や職員一人ひとりの質向上に関わる各専門分野のリーダー的役割を目指し，保育士としてのキャリアアップに意欲的に取り組み，研修での学びを実践の場で生かせるようになることが望まれる。また厚生労働省は，この保育士等キャリアアップ研修を受講し，保育士としての技能・経験を積んだ職員について，保育士の処遇改善につながるものとしている。

　保育士等キャリアアップ研修の研修分野としては８分野あり，「保育現場において専門的な対応が求められる各分野のリーダー的職員育成のための６分野」，「主任保育士の下のミドルリーダーの役割を担う保育士のための１分野」，「実習経験の少ない保育士等が受講する１分野」から構成されている。以下はその一覧である。

専門的分野のリーダー研修	①乳児保育 ②幼児教育 ③障害児保育 ④食育・アレルギー対応 ⑤保健衛生・安全対策 ⑥保護者支援・子育て支援
ミドルリーダー役割の研修	⑦マネジメント
実習経験の少ない保育士の研修	⑧保育実践

【参考文献】

　那須信樹・矢藤誠慈郎・野中千都・滝川光治・平山隆浩・北野幸子著『手がるに園内研修メイキングーみんなでつくる保育の力ー』わかば社，2016

　矢藤誠慈郎著『保育の質を高めるチームづくりー園と保育者の成長を支えるー』わかば社，2017

　野中千都「効果的な園内研修を考える〜体系的な研修計画の作成に向けて〜」保育士会だより283号，2018

第**14**章

乳児保育における連携
－職員間，保護者や地域の関係機関との連携について－

〈学習のポイント〉　①乳児保育を進めていくうえで，保育士をはじめ栄養士や保健に関わる職員間の
　　　　　　　　　　　　連携の必要性について学ぼう。
　　　　　　　　　　②保護者や地域の関係機関との連携が不可欠であることを知ろう。
　　　　　　　　　　③保育所や幼保連携型認定こども園など，乳児保育を実施している施設における
　　　　　　　　　　　現況と，職員や関係機関との協力・連携について理解を深めよう。

1. 保育所における乳児保育と連携

■ 保育所における乳児保育の現状

　保育所において連携が必要である理由は保育所の現状を知ることで理解できる。児童福祉施設である保育所は，保護者の就労などにより家庭での保育が受けられない子どもの保育を行う。生活の困窮や近年では少子化による労働人口の減少などによる女性の社会進出が就労の理由となっている。就労以外に児童虐待に代表されるような保護者の養育不良という理由での入所もある。いずれの場合も近年の都市化や晩婚化により保護者に保育所以外の支援者がいないことが多く，そのことが保育所に対するニーズを高めている。乳児においては，企業の育児休暇制度は整ってきているが，その大半が満1歳の誕生日までであるため，幼稚園の対象でない0～1歳児の入所希望者が増加し，これまで以上に保育所における乳児保育のニーズが高まっている。

② 保育所における乳児保育の実際－多様な連携による保育

（1）保育士間，保護者などによる連携

　保育所保育は「養護及び教育を一体的に行う」ことを特徴としているが，心身の機能が未熟な乳児においては養護の比重が高くなる。「保育所保育指針」によれば，養護とは「生命の保持」と「情緒の安定」を図ることである。

　「生命の保持」を日常のなかで考えると健康維持と置き換えられる。疾病への抵抗力が弱い乳児の保育では異常の早期発見・早期対応が求められる。しかし，乳児は自らの異常を言葉で訴えることができないので，保育士の察知する力が問われる。では，何を基準に察知するのか。「保育所における感染症対策ガイドライン」には「いつもと違う」というキーワードが提示されている。これは「いつ

159

も」＝元気なときの姿を基準とし，その状態と異なる場合は何らかの異常がある
と判断するという意味である。よって，「いつも」を把握していなければ，異常
を発見することはできないのである。ある子の「いつも」を把握するためには一
定時間保育し，同時に観察する必要がある。保育者にとって特定の子どもを一定
の時間保育することは健康維持において重要な価値をもっている。

　乳児における「情緒の安定」は，特定の大人との信頼関係（情緒的な絆）の形
成が前提となる。例えば，泣いている赤ちゃんを知らない大人が抱っこしてもなか
なか泣き止まないが，母親が抱っこすると泣き止むように，赤ちゃんにとって
信頼できる人かどうかという関係性が重要になる。その信頼関係を形成するに
は，どのようにすればよいか。「保育所保育指針」では，乳児保育に関わるねら
い及び内容　(1)基本事項アに「乳児期の発達については，…（中略）…特定の大
人との応答的な関わりを通じて，情緒的な絆が形成されるといった特徴がある。」
（傍点は筆者加筆）と示されているように特定の大人との応答的な関わりの積み
重ねによって信頼関係を形成する。1人の子どもにとって特定の保育士にある程
度の長い時間保育してもらえることでその保育士を信頼できるのである。情緒の
安定のために，特定の保育士が一定の時間保育することは健康維持（生命の保
持）と同様に重要なのである。

　しかし，前述の通り保育所では，母親など1人の特定の大人が保育する家庭や
担任制をとる幼稚園とは異なり，複数の職員が引き継いで保育が行われている。
このため，保育士が入れ替わることとなり，こま切れの保育時間になりやすく，
保育士が特定の子どもを一定の時間保育できない状況になりがちである。しか
し，誰が保育にあたっても一定の質を維持しなければ，十分な養護ができない。
そこで重要となるのが職員間の円滑な連携であり，その基本は情報の共有であ
る。情報の内容は，子どもの成育歴や今の姿（発達状況，健康や情緒の状態，興
味関心など）やその子を取り巻く環境など多岐にわたる。園児などの情報を共有
することで，どの保育士が保育にあたっても一定の基準やその子に適した関わり
方（応答の仕方）をすることで養護が達成できる。実際にA保育所では0歳児の
子どもが最も長い時間接している担当保育士を後追いする光景をよく目にする。

　しかし，連携の難しさは，子どもは発達する（＝変化する）ので情報がすぐに
古いものとなってしまう点が挙げられる。特に乳児は発達が著しいので迅速かつ
緊密な連携が必要となる。また，乳児は月齢差など個人差が大きいため園児数分
の様々な情報を把握しなくてはならない点も挙げられる。職員の人数が多い場
合，速やかで正確な情報共有には施設長や主任を中心に情報の流れのルールを決
めるといった組織化が欠かせない。具体的には上司への報告，部下への伝達とそ
の方法である。例えば，子どものケガについて主任に報告することで，主任は掲

示などによって速やかに全職員に周知することができる。他方，メモなど書面に残すことに対する留意点は，個人情報が記載されていることが多いので取り扱いに細心の注意が必要となる。また，現場に入ると誰もが直面する課題としては，「こんなことを報告すべきか？」という迷いがある。これは報告の基準のあいまいさに起因するものである。しかし，問題が発生してから「なぜ報告しなかった。」と言われることが多いのも事実である。こうした場合を考え，些細なことでも報告するという共通認識が必要である。

　書面による伝達の重要性を述べてきたが，子どもの姿（発達段階や情緒の状況）を共有することは，文章で表現するには難しい面があることも事実である。特に，情緒に関する事柄は文字では言い表しにくいニュアンスが多いからである。それに対し，子どもに関する何気ない職員間の会話が書面では伝えきれない事柄を補完する効果がある。A保育所を観察すると，休憩等のインフォーマルな場で今の子どもの姿やエピソードが語られている。例えば，「（0歳児の）○○ちゃんがもう少しで立てそう。」，「そう，そう。」などと笑顔で子どもの成長の喜びが語られ，その職員の思いが共有されている。職員の思いの共有はその子への関わり方の統一感を生む。また，子どもの姿が語られることで，立つことに対する安全配慮も同時に伝えることができる。

　子どもの生活の連続性を考慮すると，園内での情報共有のみでは生活リズム（食事，睡眠，排泄など）などについて情報不足である。そこで保護者との連携が欠かせない。乳児は個人差が大きいので一人ひとり連絡帳などで保護者と情報を共有している。例えば，週末お出かけした場合や就寝時間が遅かった場合など，園生活において子どもの心身の状態に疲れが見られることがある。保護者との連携が円滑に行われた場合は，お昼寝を長くするなどの個別の配慮が可能となる。その一方で，保護者と接する時間が短いなどの連携の難しさが挙げられる。前出のA保育所では保護者にも極力口頭での伝達を避け，連絡帳などに記入するように協力依頼をしている。また，入所時には，面談などで健康状態を詳しく把握し，児童の記録を書面にし，保護者と職員との相互理解を図っている。例えば，同居者に喫煙者がいるかどうかを聞いているかが，これは乳幼児突然死症候群（SIDS）の要因ともされているからである。慢性疾患など園生活で注意する事項や発生した場合の対応などを決めておくことで速やかに適切な対応ができるようにしている。

(2) 他の人的パワーや関連機関との連携

　以上のような職員間の連携や保護者との連携以外に，次のような連携が挙げられる。他職種との連携では，栄養士，内科や歯科の嘱託医（保育園医），看護師との連携で，離乳食や感染症対策，健康相談などについて専門的な助言をもらう

ことが多い。また，慢性疾患などをもつ子ども（アレルギー疾患，けいれん，糖尿病など）や医療的ケア（たんの吸引，経管栄養，導尿など）を必要とする子どもの受け入れも福祉施設である保育所が担っているので，受け入れる場合は綿密な連携が必要となる。

地域の関係機関との連携は次のようなことが挙げられる。例えば，役所との連携では被虐待児童の受け入れやその見守りなどは最大限の連携が必要となる。小学校との連携では保育要録をツールとし，就学に向けての引き継ぎを行っている。障がい児保育を実施するにあたっては地域療育センターとの連携は不可欠である。防災や防犯などの緊急事態に備え，訓練など警察や消防との連携も必要となる。園児と生活する地域を同じくする近隣住民との連携も欠かすことはできない。ただし，これらの連携については実際には施設長や主任を通しての連携となることが多い。

最後に乳児保育といった視点で見れば，保育士と幼児と，園児との連携も必要となる。A保育所では早朝や夕方に0～5歳児の合同クラスになり，ハイハイの赤ちゃんと走り回れる幼児が同じ場所で生活することになる。そこでは幼児にむけて「ハイハイの赤ちゃんもいるから走り回らないで下さい。小さな子には優しくしましょう。お願いします。」と協力を依頼する。これも園でともに生活する者同士の連携と言えるであろう。

(福田　誠)

2. 認定こども園における乳児保育と連携

１ 認定こども園移行の背景

2015（平成27）年度にスタートした「子ども・子育て支援新制度」では，認定こども園の改善が行われ，保育所・幼稚園から移行した認定こども園が，地域差はあるものの大きく増加した。市町村子ども・子育て支援事業計画において積極的に移行を推進する自治体では，保育所・幼稚園の過半数が移行したところもある。また保育所の場合は，地域の教育ニーズの期待に応えるために移行したり，幼稚園の場合には，保育所機能を併せもつことで，保育ニーズ対応が可能になり入園希望者の増加にもつながるなど，それぞれ背景が考えられる。

２ 認定こども園における乳児保育の現状

保育所または幼稚園から幼保連携型認定こども園に移行した場合，両者には明らかな違いがみられる。幼稚園においては，乳児保育や長時間保育の機能を備え

14章　乳児保育における連携－職員間，保護者や地域の関係機関との連携について－

たことにより，養護機能や多様な保育ニーズへの対応，保護者の支援体制，地域の子育て支援，職員の勤務体制や意識などの課題に直面する。ところが保育所から移行した場合は，乳児保育は専門領域であり，保護者支援や地域子育て支援も保育所本来の役割であり，教育機能についても，もともと保育所保育において実践しているため，日常の保育や運営上での影響は少ない。

保育所から移行した幼保連携型認定こども園では，自園が保育所と幼稚園の両方の機能と役割を併せもつことで，福祉的機能・養護的機能に加えて，教育の充実，保護者支援や義務化された地域の子育て支援の質向上を図ることになる。また近年は０歳児から預ける親が増加しており，１歳児，２歳児，そして就学前までを見据えた教育・保育が重要となる。クラスの枠や職域を超えた職員間の相互理解，連携協力体制が求められる。

質の高い教育・保育の実現のためには，職員が一丸となって質向上に取り組むだけでなく，保護者との良好な信頼関係づくりと連携がきわめて重要な要素となる。さらに質の高い地域の子育て支援拠点としてその役割を遂行するためにも，地域連携や専門関係機関との連携体制づくりについても不可欠である。

3 認定こども園における連携の実際

（1）職員間の連携について

幼保連携型認定こども園では改正「幼保連携型認定こども園教育・保育要領」に基づいて教育・保育が実施されている。とくに重要なことは，発達の連続性及び生活の連続性から，０歳児から小学校就学始期までを見据えた教育・保育を実践していくことである。全体的な計画から指導計画まで園長，主幹，クラス担任だけでなく栄養士，看護師等の全ての職員が参加して立案し，実践に関わっていくことが必要である。

具体的な連携事例

○「教育及び保育の内容並びに子育ての支援等に関する全体的な計画」については，園長，副園長，主幹保育教諭，各クラスの担任，栄養士，看護師の参加により作成。０歳児から５歳児までの発達と生活の連続性，認定こども園としての役割を理解する。

（確認事項）

園の理念，養護と発達特性，ねらいと内容（乳児，１歳以上児），環境構成，健康安全，保護者との連携・支援，地域の子育て支援，小学校との接続，研修計画，教育週数・時間など

○日々の乳児の連絡ノートについて乳児の全担任が読み合わせ，情報共有する。

○毎月の会議で０歳児〜５歳児まで指導計画を読み合わせ，発達の連続性を確認

163

する。

○各保育教諭が担任外の異年齢クラスに，年に数回，計画的に入ることで，子どもの発達の連続性を相互に理解し合う。

○行事等の計画において異年齢の担任で構成して取り組み，無理のない楽しい活動にするための連携につなげる。

(2) 地域との連携づくり

保育所から認定こども園に移行したケースの場合，通園してくる多くの園児は園の周辺地域に住んでいるため，地域住民や地域の施設等との触れ合いや交流は大変重要となる。地域の住民や施設にこども園のことを知ってもらったり，園児と職員が地域住民や施設と交流の機会をもったりすることで，園児に地域の子どもとしての自覚をもたせることは大きな意味がある。近年，希薄になった地域とのつながりを再生する活動や行動がみられる。地域の子育て拠点施設，教育施設として，積極的な関係づくりや連携づくりが求められる。

具体的な取り組み事例

○積極的な子育て支援活動

毎週水曜日に園開放，乳児を中心としたふれあい，子育て相談など

毎月1回土曜日に園開放，諸事業（離乳食試食会，健康相談，リトミック等）

○地域の介護施設との交流（世代間交流）

隔月に介護施設を園児が訪問し，ゲームや遊びを楽しむ

年2回介護施設利用者が来園して主に乳児との触れ合い遊びを楽しむ

○地域の消防署，交番を訪問

○地域の高校生，中学生による保育体験（授乳，おむつ替え，遊び等）

○主任児童委員の園訪問（園行事，園児との触れ合い）

(3) 専門機関との関係づくり

園児の中には，発達面で気になる子，疾病が疑われる子，貧困等の心配がある子，また虐待ほか不適切な養育の兆候がみられる子など，様々な子どもが在籍している。こうした子どもやその家庭に対しては，適切かつ専門的な支援が必要となる。しかし園の職員だけで取り組むことは困難であり，専門機関と連携は不可欠である。気になる子や心配な子，不適切な養育を受けている子は，乳児期にその兆候が見られることも多いため，なるべく早期に対応をする必要がある。専門機関とは常に連携体制がとれるようにしておくことが重要である

具体的な取り組み事例

○定期的な保健センターとの会合の開催と保健師による園訪問

とくに1歳半健診，3歳健診の結果を保護者，保健師，園が共有するように働きかける。早期の発見や適切な対応につなげることができる

○発達支援センターとの連携

　個別のケース相談対応，職員の障がい児研修等の講師派遣

○視聴覚専門学校等との連携

　乳児期はとくに聴覚異常の発見が遅れやすい。異常が疑われる場合は連携がとれるようにしておく

○主任児童委員との連携

　虐待や不適切な養育が疑われる場合は，主任児童委員の家庭訪問を依頼し情報共有をし，保護者支援や園児のケアにつなげる。

○嘱託医，医療機関との連携

　疾病等の健康状態が心配される場合，嘱託医と保護者，園が情報を共有し早期対応が必要な場合は，嘱託医を通して大きな医療機関につなげる

○地域の小学校，幼稚園，保育園等との連携

　年３回の会合を通し，小学校への接続，防犯体制，見回りなど相互連携を図る

連携の実践例

　発達障害が疑われる１歳児のケース。１年の育休明けで０歳児入所したＡ君。入所時から名前を呼んでも振り向かない，目が合わない，多動等の傾向があり，保育者は気になっていた。１歳児になると他児との違いがはっきりしてきた。

　１歳児の担任は園長，主幹，０歳児のときの担任と入所時からの児童票も確認し合い，保護者に保育参加を求めることにした。保育参加により保護者は自分の子が他児と違うことを感じたようだった。そのタイミングに日頃の様子を詳しく伝えた。これまでも時折伝えていたが，あまり気にしていないようだったが，今回は，保護者も真剣に受け止めた。発達障害センターへの相談を進め，保護者も納得して定期的に通うことになった。その後，発達支援センターと保護者，担任（園長も含め）の三者の連携体制がスタートできた。　　　　　　　　（太田嶋信之）

3. 幼保連携型認定こども園における乳児保育

１ 幼保連携型認定こども園における乳児保育

（1）幼保連携型認定こども園の保育の目的と実際

　認定こども園制度は，2006（平成18）年に「就学前の子どもに関する教育，保育等の総合的な提供の推進に関する法律」の制定に基づいて，同年10月に導入された。急速な少子化や環境の変化を背景に，就学前の子どもへの教育・保育，また保護者への子育て支援における多様なニーズに総合的に応えることを目

的としたものである。そのため認定こども園には，保育所と幼稚園とがそれぞれ有する一般的な枠組みを越えて，保護者が働いているか否かを問わずに子どもを受け入れようとする機能と，保育所や幼稚園にも増して地域全体にわたる子育て支援を行う機能とが担わされている。

幼保連携型認定こども園とは，「義務教育及びその後の教育の基礎を培うものとしての満三歳児以上の子どもに対する教育並びに保育を必要とする子どもに対する保育を一体的に行い，これらの子どもの健やかな成長が図られるよう適当な環境を与えて，その心身の発達を助長するとともに，保護者に対する子育ての支援を行うことを目的として，この法律の定めるところにより設置される施設」と，前述の法律第2条第7項に記されている。

当初，制度の複雑さもあって認定こども園数はさほど増加しなかったが，幼保連携型認定こども園の管轄省庁を内閣府に一本化するなどの処置が講じられ，近年では顕著に増えてきた。（図14－1）

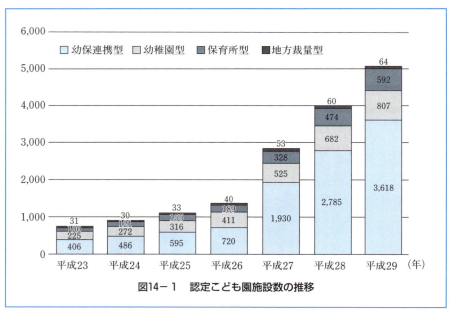

図14－1　認定こども園施設数の推移

資料）内閣府ホームページに基づく

(2) 乳児保育における配慮
①乳児保育の必要性

女性の社会進出の増加に伴い，就労しながら育児をする家庭が増えているため，乳児保育は需要が高く，初年度より入園希望者は定員を超える勢いである。幼く目を離せない乳児に対しては，人員配置が非常に重要で，正規職員に加え，

14章　乳児保育における連携－職員間，保護者や地域の関係機関との連携について－

パート職員も増員して対応している園も少なくない。

　産休後も就労を続ける母親が増加しており，０歳児は生後６か月以上児から入園対象だが，それ以前から保育を希望する家庭も増えている。

②乳児保育における配慮

　乳児の生活における重要な配慮は，どんなに小さな変化や成長も見逃さないようにする細やかさや気使い，気配りである。嬉しかったこと，驚いたこと，改善していきたいことなどを，我が子同然のこととしてとらえ，喜びをもって保育することである。歩行，トイレトレーニング，衣服の着脱，午睡，食事などの基本的な日課に加え，言語の発達や友達関係などで，その日に気づいた変化や成長をその日のうちに保護者に伝えることで，信頼関係が深まり，家庭との連携も図られていく。保育者がどのような思いで保育をしているのかを伝えることで，保護者も子ども理解が深まり，同じ意識で子どもに家庭でも接してもらえるようになる。

2 幼保連携型認定こども園における連携の実際

（1）乳児保育教諭の連携

　乳児には，多くの保育教諭が関わるため，職員間の報告，連絡，相談など共通理解が非常に重要となる。シフト制，パート勤務の職員にも配慮し，朝の打ち合わせ時の内容を表にし，後から出勤した際に必ずチェックする。また，担当以外の園児についても把握できるよう，体調，発達の様子，それに合った関わり方等も午睡中に会議を設けて話し合う。

　特に乳児では，体調管理が最も重要であり，感染症が出た場合には，張り紙や，一斉メールで保護者に注意喚起を行う。その際，忙しい母親は子どもの体調の異変に気づきにくいこともあり，具体的な症状も伝え，子どもの観察を怠らないように呼びかける。

（2）乳児と幼児の保育教諭の連携

　保育所，幼稚園からこども園に移行した際，幼児の保育者と乳児の保育者が顔を合わせることが少なくなり，共通理解や人間関係を深めることに支障を来す場合がある。

　やはり全員が集まって，保育内容の確認，報告，課題等を話し合う機会を定期的に設ける必要性がある。外部講師を招き，一斉に教材研究やカリキュラム編成の研修を行うことも一案であろう。

　乳児と幼児の発達の違いから，同じ形式の書類を作る困難さや，違和感が浮き彫りとなることもある。改めてその年齢に合った書面の作り方や書き込み方を模索すべきである。会議の場ではプロジェクターで写真を見せ合い，取り組んでい

る活動や子どもたちの成長を確認するなどすれば，共通理解の一助となろう。

　会議や研修は，時間を捻出することがどこの園や施設でも課題である。保育者の負担になることが懸念されるが，やはり，共通理解を得たり，人間関係を深めたりすることは，同じ園で子どもたちを保育する仲間として，非常に大切なことであり，それがなければ子どもたちの健やかな成長は得られないのではないかと思われる。この点，ある園では，通常日の乳幼児合同会議は，園児が少なくなった夕方から行い，実技的な研修は，歳児ごとに時間を分け，乳児は昼寝中に，幼児はそれ以降にというように，保育に支障がないよう行っている。

■3 これからの課題

　今後も認定こども園へと移行する園が増えて行く傾向にあると思われるが，幼稚園から認定こども園へ移行したとき，ある園では「午睡」のとらえ方で問題が生じた。幼稚園時代でも預かり保育を行っていたが，午睡はさせていなかった。認定こども園となってからも，幼児の体力では午睡がなくても大丈夫だろうと考え，年少から年長までは午睡の時間を取らずに遊びの時間としていた。しかし，夏になりプールの季節を迎えると，保護者から午睡の要望が増えてきた。「お昼寝しないから夜機嫌が悪い」「プールで疲れているせいか夕飯を食べる前に寝てしまい，起こすのが大変だ」という内容であった。園側では不慮の要望に対し，急遽ベッドの購入，家庭から持参してもらう布団の資料作成等を行った。

　移行したときに限らず，乳児から幼児へ進級すると，保育内容，活動時間の違いに体がついていけない幼児も見られる。認定こども園の場合は，保育所から転園してくる幼児もいる。乳児では12時に午睡をしていたが，幼児では1号認定児*の降園時間に合わせて2時から午睡となる園もあるだろう。3月までの生活リズムが4月から一変することは，子どもの体力面へ大きく影響する。年少児で12時からの給食中にうとうとしてしまう幼児には保育室に簡易ベッドを用意したり，先に午睡の部屋へ連れて行ったりと，その子どもに応じて柔軟に対応する必要がある。
（山田まり子）

*1号認定児：認定こども園では，次の3つの認定区分によって利用条件が異なっている。
・1号認定（3歳以上で保育が不要な場合）
・2号認定（3歳以上で保育が必要な場合）
・3号認定（3歳未満で保育が必要な場合）
1号認定児は，従来の幼稚園に通っていた子どもが該当すると考えてよい。

4. 乳児保育における連携とその課題

　以上，乳児保育が行われている保育所に加え，新たな制度により乳児保育に取り組んでいる認定こども園の例をそれぞれみてきたが，乳児期の特性や幼児期に連続する成長・発達を考慮し，保育が行われていることが理解される。例えば，

乳児保育の蓄積のある保育所においては，乳児の生命の維持や健康上の配慮など，養護面に留意した保育が展開している。また，認定こども園については，これまでの保育所から移行した園では，乳児保育の経験を生かしながら，教育への視点に目を向けた養護と教育の一体化である保育が行われている。また，幼稚園であった園から認定こども園に移行した園では，乳児保育の導入に伴う，様々な取り組みを行い，その役割を果たしているなど，その現況を知ることができる。

他方，こうした乳児保育を進めていく上で，必要に応じて職員間による連携をはじめ，保護者との相互性による関係が求められる。その点に関してここで取り上げた保育所と認定こども園でも積極的に連携を図っている状況が報告されている。特に，養護性が求められる乳児の保育には，園内の職員との連絡・連携が不可欠である。当然，保護者の理解や協力も必要となる。また，生命の維持や全体的な成長・発達に配慮の必要な乳児に対して，地域の実情や園により多少の違いはあるにせよ，近隣の医療，保健，福祉，教育機関など，専門機関との連携の必要性が認識されている。

同時に，乳児保育を実施している園において，課題も少なくない。例えば，認定こども園のうち，幼稚園から移行した園では乳児保育への知識や経験のある保育教諭の確保や，保育園から認定こども園に移行した園における幼児教育への理解と教育課程の問題などである。また，乳児にとって安定した生活が送れるための環境の設定や，保育時間の異なる園児への対応なども課題といえる。

2018（平成30）年の改定「保育所保育指針」にみられるように，保育の対象となる乳幼児の年齢区分は，1歳未満児，1歳から3歳未満児，3歳以上児と見直された。乳児の発達特性や乳児から幼児への連続性および幼児期に区分されるなど，乳児期の保育の位置づけが明確になり，これまで以上にそれを担う保育所や認定こども園の果たすべき社会的役割とその重要性が高まることが予想される。

（須永　進）

【参考文献】

厚生労働省「保育所保育指針解説」2018

厚生労働省「保育所における感染症対策ガイドライン」2012

内閣府「教育・保育施設等における事故防止及び対策のためのガイドライン」2016

志村聡子編著『はじめて学ぶ乳児保育』同文書院，2018

佐伯胖編『共感　育ち合う保育のなかで』ミネルヴァ書房，2007

鯨岡峻・鯨岡和子著『保育のためのエピソード記述入門』ミネルヴァ書房，2007

内閣府「認定こども園に関する状況について（平成29年4月1日現在)」

Afterword

おわりに

　乳児保育の歩みを戦後の 1945（昭和 20）年以降から概観すると，1947（昭和 22）年の「児童福祉法」制定による認可保育所での導入が始まりといえる。それ以降，何度かの改正が試みられ，変容を遂げていく。この乳児保育の一般化は 1998（平成 10）年，乳児保育指定保育所制度の廃止に伴い，すべての保育所で乳児保育が行われることになってからである。その後，乳児保育の整備が進み，乳児を担当する保育士（当時は「保母」）と乳児 1 人あたりの割合が，1：3 と定められている（「児童福祉施設最低基準」改正）。

　今回の「保育所保育指針」の改定（2018 年）では，乳幼児の発達の枠が改定前の各年齢別から，0 歳児，1 歳から 3 歳児未満児，3 歳児以上児と，3 つの枠組みで示されるなど，変更がみられる。そのうち，乳児である 0 歳児についてはその養護性に配慮した内容に，また 0 歳から 3 歳未満児については保育内容の充実が図られている。また，それに伴い保育士養成課程のカリキュラムにおいてこれまでの「乳児保育」（演習）から，「乳児保育 I（講義）」，「乳児保育 II（演習）」と，乳児についての基礎的事項の理解を深めるために「講義」科目が新たに追加されている（「指定保育士養成施設の指定及び運営の基準について」2018 年）。このような変更は，保護者による乳児の入園希望の増加とそれを担う保育士の質的向上への期待といった社会的要請が反映されているとみられる。

　本書では，こうした社会的変動と保育に対する多様なニーズなどの背景を受け，乳児保育の基礎的事項（理念や現状，内容，方法など）を理解するとともに，これから多様な展開が予想される乳児保育の方向性を見通せるように企画，執筆，編集を進めたことから，本書がその目的を達成できるテキストになることを願っている。

　最後に，執筆にご協力いただいた先生方に厚くお礼申しあげます。

　また，本書の企画をはじめ，編集，刊行にあたり，労を惜しまずご尽力いただいた同文書院編集部に，執筆者を代表して謝意を表します。

　2018 年 11 月

三重大学教育学部特任教授　須永　進

Index

索引

―― a b c ――

ECEC　70
OECD　70
PDCA サイクル　144
SHELL モデル　95
SIDS　12, 19, 44, 89, 148

―― 数　字 ――

1.57 ショック　63
1 号認定　65, 168
2 号認定　65, 168
3 号認定　64, 65, 168
3 歳児神話　13
3 つの視点　5, 41, 83, 131
3 つの間　116
4 つの獲得　117
5 領域　2, 6, 7, 8, 130

―― あ ――

愛着　5, 7, 34, 125
愛着理論　5
赤沢鐘美　1
遊び　3, 16, 22, 27〜38, 41, 114, 125
アタッチメント　5, 125
アトピー性皮膚炎　108

アナフィラキシー　46, 58, 108
アレルギー表示対象　108
アレルゲン　20, 102
安全管理, 安全への配慮　23, 46, 92, 149
安全教育　46, 94
安全対策　23, 91

―― い ――

育児休業　67
育児不安　45, 73, 116
育児用ミルク　102, 104
一時預かり保育　71
医療, 医療的ケア　85, 162
インシデント報告書　95
インフルエンザ　44, 59

―― う ――

うつぶせ寝　19, 44
運動遊び　35, 41
運動機能　28, 78, 91, 124

―― え ――

衛生管理　23
栄養　16, 100〜109
エピペン　61

延長保育　64, 91
園庭開放　71

―― お ――

嘔吐　55〜57
おむつ替え　16, 20
おもちゃ（玩具）　10, 23, 36, 37, 125

―― か ――

学校保健安全法施行規則　59
家庭的保育　64
家庭訪問　165
川崎病　53
感覚遊び　35
「環境」（5 領域）　10
感受性宿主　59
感染経路　59
感染症　53〜60, 125, 159
関連機関との連携　161

―― き ――

既往歴　74
気管支炎　54
気になる子ども　80, 164
虐待　45, 111, 115, 159, 164
記録　142, 143

― く ―

薬　60，61
クレーン現象　82

― け ―

計画のフィードバック過程　141，142
けいれん　54〜58
月案（月別指導計画）　128，138
下痢　52〜57，107
「健康」（5領域）　8
健康観察　51
健康管理　44，51，59
健康状態　51
言語　5，117
原始反射　28

― こ ―

誤飲　90，92，93
合計特殊出生率　63，70，115
構成遊び　35
誤嚥　90
呼吸困難　54，55，58
子育て支援　63〜75，113，163
子育て相談　71
「言葉」（5領域）　10
言葉の理解，発達　28〜30，81
子ども・子育て支援新制度　63，82，
　　162
コミュニケーション　28，32，41，
　　124
孤立化　65，71，116

― さ ―

産休明け　73

― し ―

次亜塩素酸ナトリウム　56，57
事故　89〜98
事故防止　23，46，149
施設型給付　64，65
疾病　53，107
児童虐待　115，159
指導計画　43，123
自動車事故　93
児童票　165
児童福祉施設最低基準　40
児童福祉法　1，40，147，151
自閉症スペクトラム障がい　81
シャント　85
週案　43，127，141
就学前の子どもに関する教育，保育等
　　の総合的な提供の推進に関する法律
　　165
出席停止期間の基準　59
授乳　15，19，101，103
授乳・離乳の支援ガイド　19，104，105
障がいのある乳児　77〜87
障がい児保育　162
少子化　63，72，114，117
情緒の安定　160
食育　99〜110
食育計画　136
職員の資質向上　155
食事　16，19，100
食物アレルギー　9，20，46，108
自律授乳　101，103
人工栄養　102，107
新生児　80，117
身体的発達　41，83
心理的虐待　112

― す ―

水痘　59，60

水頭症　85
睡眠　17，18，45，53

― せ ―

生活のリズム　6，15，17
精神的発達　7，83
精神的共同性　77
成長曲線　51，106
生命的応答　42
生命の保持　41，159
咳　52〜55
全国保育士会倫理綱領　147
喘息　53，54
全体的な計画　126，127，135，136
喘鳴　52，54，55

― そ ―

早期療育プログラム　80，81
相対的貧困率　115
咀嚼　16，19，118

― た ―

第一次反抗期　30
待機児童　40，67，82，115
体調不良　107
ダウン症　80，81
脱水　54，56，57
打撲　45，92

― ち ―

チアノーゼ　54，55，57
地域型保育給付　64
窒息　90，92
着脱　21，113
調整粉末大豆乳等　102
調乳　102

173

中耳炎　53

—— つ ——

追視　32

—— て ——

デイリープログラム　17, 50, 138
てんかん　53, 57
転倒　90
転落　90〜92

—— と ——

トイレトレーニング　20, 167
共働き世帯　67, 68, 115
トンネル現象　91

—— な ——

喃語　28, 149

—— に ——

二語文　11, 30
乳児　1
乳児保育　1, 3〜7
乳児保育推進対策事業実施要綱　2
乳児用調整液状乳　102
乳幼児突然死症候群（SIDS）　12, 19,
　44, 89, 148
認可保育園（所）　39, 66
「人間関係」（5領域）　9

—— ね ——

ネウボラ　70
熱傷, やけど　45, 93, 103
熱性けいれん　54, 57, 60, 61

年間指導計画　43, 127, 138, 139

—— の ——

脳性まひ　78, 80, 85

—— は ——

把握反射　28
パートナーシップ　73〜75
排泄　16, 20
ハイハイ　113, 117, 148, 162
ハインリッヒの法則　95
発疹　58
発達障害　165
発達の連続性　123, 128, 163, 164
発熱　53〜58, 122

—— ひ ——

ひきつけ　57
非言語のコミュニケーション　114,
　124
一人遊び　33
ひとり親世帯（家庭）　65, 72, 114
百日咳　54, 59
ヒヤリ・ハット　24, 46, 95
「表現」（5領域）　11
病原体　59

—— ふ ——

ファミリー・サポート・センター事業
　64
風疹　59, 60
フォローアップミルク　102

—— ほ ——

保育教諭　147, 164, 167

保育参観　48, 118
保育士　2, 12, 40, 112, 150
保育士等キャリアアップ研修　157
保育指導計画　43
保育所　1
保育士養成課程　2
保育所実習　156
保育所の乳幼児の在籍数　39
保育所における感染症対策ガイドライ
　ン　52, 59, 159
保育所保育指針　2〜5, 23, 41, 47,
　63, 79, 99, 124, 135, 136, 147,
　159, 160
保育所保育指針解説　79, 83, 99,
　113, 118, 151
保育日誌　143
保育目標・ねらい　130
ボウルビィ　5, 125
保健計画　127, 136
保護者会　48
母子保健法　1, 81
母乳栄養　101

—— ま ——

慢性疾患　162

—— み ——

水まわりの事故　93

—— む ——

無呼吸症候群　85

—— も ——

模倣遊び　35
モロー反射　28

――― や ―――

薬剤情報提供書　61

――― よ ―――

養護と教育の一体性（化）　4，41，99，124，169
養護の理念　4，79
幼児期の終わりまでに育ってほしい姿（10の姿）　127，154

幼保連携型認定こども園教育・保育要領　135，144，154，163
予防接種　52，59，60

――― り ―――

離乳　19，104
離乳食　16，19，100，104，117，136，138

――― れ ―――

冷凍母乳　101
レディ　124
連絡帳（れんらくちょう）　119〜121，161

――― ろ ―――

労働基準法　1

乳児保育の理解と展開

2019年3月15日　第一版第1刷発行

編著者　須永　進
著　者　川喜田昌代・野中千都
　　　　須永真理・石川正子
　　　　堀　　科・伊藤克実
　　　　石田しづえ・上田よう子
　　　　福田　誠・太田嶋信之
　　　　山田まり子
発行者　宇野文博
発行所　株式会社 同文書院
　　　　〒 112-0002
　　　　東京都文京区小石川 5-24-3
　　　　TEL (03)3812-7777
　　　　FAX (03)3812-7792
　　　　振替　00100-4-1316
DTP・制作協力　株式会社 新後閑
印刷・製本　中央精版印刷株式会社

ⓒ Susumu Sunaga et al., 2019
Printed in Japan　ISBN978-4-8103-1487-8
●乱丁・落丁本はお取り替えいたします
●無断転載不可